品牌力量

上 海 商 标

Power of the Brand
Shanghai's Trademark

上海通志馆　主编　　左旭初　著

上海人民出版社　学林出版社

总
序

　　盛夏避暑，最好躲在家中读书。近日，读了新一辑"上海地情普及系列丛书"的五种书稿，感觉好似吹来一阵清凉的风，很是凉快、惬意。

　　我高兴地发现2021年的这五种书，内容上与2020年的有一个很大的不同。编者不再像2020年那样，着眼于上海的人民广场、徐家汇、陆家嘴、新天地、静安寺五个横切的块面，而是改由上海五个行业系统的条线来讲述上海的故事。这就给读者了解上海带来了一个崭新的视角，让我们看到了许多崭新的人物，听到了许多崭新的动人故事。

　　比如，我在读《衣被天下：上海纺织》时，就时时被书中许多劳动模范的故事所感动，因为他们始终坚守着自己的工人阶级本色。

　　纺织行业原本是上海的一个支柱产业，纺织工人是中国产业工人的重要组成部分。在半殖民地半封建的旧中国，广大纺织工人受尽了剥削和压迫，他们有强烈的斗争精神，在中国共产党的领导下，义无反顾地投入反帝反封建的革命斗争。新中国成立后，他们十分珍惜来之不易的胜利成果，十分珍惜当家做主人的幸福生活，将对党和新社会的热爱，化为工作的巨大动力，创造了一个又一个的奇迹，得到了党和人民的尊重和奖励，涌现出黄宝妹、裔式娟、杨富珍、应忠发、吴尔愉等许多劳动模范和先进人物。

他们的故事都非常感人，在此我要对于黄宝妹的故事多说几句。

黄宝妹 13 岁到一家日商纱厂当童工，受尽剥削和压迫。上海解放后，她怀着强烈的翻身感，努力工作，在学习"郝建秀工作法"的过程中，取得优异成绩，被评为全国纺织工业劳动模范，还光荣地加入了中国共产党。后来，她继续努力，又先后多次被评为劳模，多次受到党和国家领导人的接见。在中国共产党成立 100 周年之际，习近平总书记亲自授予她"七一勋章"。

我以为，黄宝妹之所以能获得如此殊荣，是和她"践行初心、担当使命、永葆本色"分不开的。

想当年，黄宝妹刚满 22 岁，就当上了劳动模范，记得淮海路照相馆的大橱窗里陈列着她的大幅照片，引来了一片赞扬声，甚至还引来了不少求爱信。黄宝妹态度鲜明地告诉大家："我老公人品好，为人忠厚，热爱家庭……"这时候，她保持了一名工人妻子的本色。

1958 年，黄宝妹在电影故事片《黄宝妹》中饰演了自己，电影在全国放映后，好评如潮。有文艺界领导见黄宝妹初涉银幕，表现不凡，建议她改行当演员。黄宝妹却冷静地谢绝了。她认为，自己始终都是一个纺织工人，离开了纺纱车，自己将一事无成，这次偶然的成功，完全是导演谢晋的功劳，假如自己真当了专业演员，恐怕连"龙套"都演不好。这时候，她坚守了一个工人的本色。

更难得的是，黄宝妹退休之后，听说有些劳模退休后，收入少、疾病多、生活困难，就和裔式娟等一起不辞辛苦，办起一个公司，赚了钱去接济这些困难劳模，又帮助他们解决住房动拆迁问题。她甚至将组织分配的好房子让给他人，自己一家五口却挤在一间简屋里。这时候，她展现了一个共产党员的本色。

当我读到《人间大爱：上海卫生》时，感触良多！在一些突发事件中，许多先进人物面对风险，真正做到了"不怕牺牲，英勇斗争，对党忠诚，不负人民"。

我在书中，不仅看到了新中国成立后，党领导上海人民群众消灭血吸虫病、应对甲肝旋风突袭的一幕幕场景，而且重温了2020年抗击"新冠肺炎"的伟大斗争！

当武汉等地疫情严重、需要支援时，上海医护工作者中的共产党员挺身而出，纷纷主动报名，带头奔赴前线，与当地的"白衣天使"一起日夜奋战，终于战胜了疫情。他们用自己的行动，发挥了党员的先锋模范作用。

作者用生动的文笔写到，面对疫情，中共上海市委、市政府坚持"人民第一，生命至上"，并从上海人民的根本利益出发，摸索出了一条适合本地的"精准防疫"模式，即既要精准高效应对疫情，又不能对城市的运行、居民的生产生活造成大的影响，力求将疫情所致的负面影响降至最低。这种"瓷器店里抓老鼠"的模式，在实践中取得了很大的成功。

疫情期间，上海对那些被列为"中风险地区"的居民，贯彻"以人为本"的理念，隔离措施温暖有序，共产党员和志愿者对居民实行

"包块"服务，有效地控制了疫情蔓延。

中国共产党和党的领导人是十分重视国民经济和民族工业、民族品牌的发展的。即使在戎马倥偬的战争时期，毛泽东、周恩来等党的领袖对我国的民族工业和民族品牌，也都给予了极大的关注和重视。《品牌力量：上海商标》一书讲述了很多这方面的精彩故事。

20世纪20年代初，著名实业家吴蕴初创建天厨味精制造厂，研发、生产出了"佛手"牌味精。在与日本品牌的激烈竞争中，特别是在"五卅运动"之后全国人民掀起的"抵制日货，使用国货"的群众运动的推动下，"佛手"牌味精一举打败了日本"美女"牌味之素。

吴蕴初和他的"佛手"牌味精，引起了周恩来等中共领导同志的重视。1942年，吴蕴初应邀与中国共产党驻重庆办事处领导进行了广泛的接触和交流。他表示，要将"佛手"牌味精的生产技术毫无保留地传授给边区人民。

1949年，钱昌照向吴蕴初转达了中共领导人请他回国发展的口信，吴蕴初欣然点头。

还有一个故事是关于"上海牌"手表的。1958年，上海手表厂生产出第一批"上海"牌A581手表，周恩来总理等领导同志非常高兴。1961年，当周总理得知"上海"牌手表已经大量投放市场，便委托卫士长成元功花90元人民币去买了一块，此后，他一直把这块手表戴在手腕上，直到逝世。这块周总理戴过的"上海"牌手表，现在就陈列在中国国家博物馆内。

中国共产党人不仅十分重视民族工业和民族品牌，还同样关注金融事业，因为这与革命经费的筹集有密切关系。

我在读《惊涛拍岸：上海红色金融》一书时，很为毛泽民同志冒险潜入上海滩，为党筹集经费的英勇行为而感动。

那是在1937年早春时节，中央红军刚经历了长征，物资匮乏，经费奇缺。就在此时，一笔由国际工人阶级募集的、支援中国抗战的巨款，从法国秘密地运到上海。为了粉碎国民党的经济封锁，时任中华苏维埃共和国国家银行行长的毛泽民奉命潜入上海，历经艰辛，终于将这笔巨款秘密运送到延安。

其实，我们党早在革命斗争时期，就派遣忠诚、精干的优秀党员潜入国民党政府管辖的中国银行等金融机构，为新中国成立后的金融工作准备了一大批优秀的干部。比如张承宗同志。他大学毕业后，先后到上海市银行、辛泰银行工作，并和弟弟张困斋自筹资金创办《石榴》杂志，发表了许多宣传抗日救国思想的文章。1936年10月，他组建"银联"（上海银钱业业余联谊会），号召和组织逾万银行职工支持抗战，救济难民，并输送了一批优秀骨干奔赴抗日根据地。1937年8月，他加入中国共产党，后在辛泰银行建立起第一个银行党支部。

冀朝鼎则是一位长期战斗在隐蔽战线的英勇战士。他1927年入党，奉命长期在美国留学、工作，学习金融。他不忘初心，牢记使命，长期潜伏，成功开展地下工作。上海解放的第二天，他就身穿解放军军装，作为军管会人员，带领我们的同志接管了中国银行，使银行同仁大为惊讶！我每每读到这里，心里都会生出一股深深的敬意。

《敢为人先：上海体育》也是一本很有兴味、值得反复阅读的书。

　　曾经，西方列强都鄙视我们中国人为"东亚病夫"。新中国成立后，在中国共产党的领导下，上海体育事业发展迅速，不仅人民群众的体质大大增强，在国内外各类运动会上，许多上海籍的运动员还夺得了优异成绩。这本书讲述了乒乓球世界冠军徐寅生、李富荣等刻苦训练，提高球艺，打败各国高手，夺得第二十六届世界乒乓球锦标赛冠军的故事。我是过来人，今天重温这段往事，感到格外激动。

　　作者还生动讲述了世界跳高冠军朱建华、"上海的高度"姚明以及"上海的速度"刘翔等优秀运动员的故事。尤其是讲到姚明成功之后，饮水思源，不忘恩师，非常感人。2015 年 4 月 11 日，为庆祝中国"篮球泰斗"李震中百年寿辰，姚明十分恭敬地将一束鲜花献给李震中老先生，衷心感谢老人多年来对自己的教导。2018 年，李震中逝世，姚明在发言中称李老是自己的"祖师爷"。

　　2016 年，姚明入选"奈史密斯篮球名人堂"。姚明在发言中特别感谢了当年把他放在自行车后座上带他去训练的少体校教练李章民和把他带上 CBA（中国男子篮球职业联赛）总冠军宝座的李秋平教练。他永远感谢这两位恩师。他在感谢了父母等家人的支持之后，又一字一顿认真地说："我要谢谢上海这座城市……他们培养我，训练我，帮助我，让我做好了迎接人生下一个挑战的准备……"这就是在世界篮坛叱咤风云的姚明的心声。他的球艺风靡全球，他的修养倾倒无数球迷！

　　这五本书之所以好看、耐读，还因为编者坚持了"大学者大专家写通俗读物"的方法。这一辑"上海地情普及系列丛书"史料翔实、文笔生动、人物鲜活、故事感人，贯彻落实了习近平总书记提出的"讲好中国故事，传播中国声音"的指示，做出了宝贵的实践，取得了可喜的成绩。我认为，这五本书和前两年编写出版的十本"上海地情普及系列丛书"一样，依然可以作为广大市民和青少年朋友了解上海的读物，更应当成为党史学习教育和"四史"宣传教育的生动教材。

　　是为序。

　　　　　　　　上海市第十届政协副主席

　　　　　　　　国家教材委员会专家委员

　　　　　　　　上海市教育发展基金会理事长

目录

绪言

商标，是某一商品生产者或经营者在其商品上使用的供消费者辨别商品来源与特征的显著标志。

上海是我国最早注册和使用商标的地区之一。早在明朝嘉靖年间（1522—1566年），上海县城内城隍庙露香园地区民间艺人，顾氏家族的顾寿潜专心绣制的精美绣品，曾大量销往苏州、松江等邻近地区。其绣品曾一度被业内人士冠以"顾绣"或"顾绣庄"商标。而"顾绣"产品因其图案美观，质地坚韧，便成为上海地区最早的知名绣品商标。清朝乾隆年间（1736—1795年）松江府一带出产过一种极细的棉布，名为"飞花布"，亦称"丁娘子"布。而"丁娘子"原是松江东门外双庙桥一位善于织布的丁氏妇女。凡经她所弹的棉花，片片飞起，异常纯熟。经她织的布，精细柔软。所以"丁娘子"布就是本地区的知名商标。另外，当时松江地区其他棉布名牌产品还有如"飞花""眉织"牌等。所以，这些棉布商标，海派特色非常鲜明。

上海是我国近现代民族工业的发源地，特别是民族轻工业、纺织业的发展，尤为突出。民国时期，国内轻纺工业的名牌产品，绝大多数集中在上海地区，其商标，也大都注册于上海。如据国民政府实业部商标局于1934年底统计：全国有注册商标9224件，而上海一地就有 7932 件，约占 86%。1949 年初，全国有 5 万多件产品商标，其中上海有 4 万多件，约占 80%。总之，上海是我国近现代民族工业的摇篮，也是我国近现代产品商标的发祥地之一。

在上海这块土地上，曾诞生了我国第一家味精厂、第一家灯泡厂、第一家牙膏厂、第一家电池厂、第一家毛巾厂、第一家印染布厂、第一家机器面粉厂、第一家罐头食品厂、第一家搪瓷制品厂、第一家时钟制造厂、第一家美术颜料厂、第一家民族制药厂等等企业，甚至还诞生了一个行业的所有名牌产品商标。如民国时期我国所有的自来水笔（早期称"金笔"）生产企业，全部集中在上海。20 世纪 30 至 40 年代，在我国金笔市场上，人们所公认的四大名牌产品，即金星自来水笔厂生产的"金星"牌金笔、华孚金笔制造厂生产的"新民"牌金笔、关勒铭自来水笔公司生产的"关勒铭"牌金笔、国益金笔厂生产的"博士"牌金笔，全部由上海地区生产。直到 1951 年 5 月，才由上海金星自来水笔厂的部分技术人员，在北京地区筹建了金星自来水笔厂北京分厂。再如民国时期，国内香精生产企业，也全部汇集于上海。如鉴臣香精原料公司生产的"飞鹰"牌香精，就是这一行业最知名的产品商标。

新中国成立后不久，上海市政府有关部门通过产业政策的不断调整，优化行业结构。其间，本市一些工业骨干企业合并了许多中小厂家。经过一系列技术力量和生产设备的整合，上海又制造出一批国内知名产品和国家建设急需用品。特别是 20 世纪 50 年代后期，诞生了一批如"中华"牌香烟、"大白兔"牌奶糖、"中华"牌铅笔、"永久"

牌自行车、"东风"牌柴油机、"凤凰"牌轿车等高科技名牌产品，填补了国内有关方面的空白。60年代"文革"期间，上海工业生产遭到严重破坏，很多传统名牌产品商标被迫改名。尽管如此，广大消费者还是对上海名牌产品情有独钟。

20世纪70年代末至80年代初，随着国家经济体制的不断改革，即由计划经济向市场经济不断转型，在国内市场上又诞生了一大批上海地区生产的国内名牌产品，如"葵花"牌、"双鹿"牌、"上菱"牌冰箱，"凯歌"牌、"飞跃"牌和"金星"牌电视机，"美加净"牌、"蜂花"牌化妆品等等。

20世纪90年代后，随着上海科学技术的快速发展，各种新产品层出不穷。一些传统生活用品的市场需求日益萎缩。如制冷空调上市，电扇使用经久不衰，现在人们使用手摇扇子的机会越来越少。在人们大量使用打火机和点火器后，上海火柴厂传统名牌产品"生产"牌火柴，受到前所未有的挑战。餐巾纸问世，一些原先制作精美的手帕产品如"飞鱼"牌等，也被逐渐淘汰。家用饮水机、热水器的诞生，让人们使用几十年的上海产"长城""如意"和"向阳"牌等传统名牌热水瓶，同样面临着被淘汰的危险。而有关扇子、火柴、手帕、热水瓶等行业的老字号企业和它们所使用的老商标，便面临着生存危机。还有部分工业老字号拥有者，由于经营不善，产品跟不上社会发展需求，老字号企业中的老商标许可使用操作不当，如联营出现问题等，也面临着严峻的生存考验。

近年来，上海市政府提出：上海要成为全国高科技工业尖端产品生产和产品商标运作中心。这为振兴上海工业老企业和老产品，提供了难得的发展机遇。作为从事老产品生产经营的老工业企业来说，要在传统产业中制定实施老产品的复兴方案，要充分利用和挖掘老字号、老商标在市场上蕴藏的巨大商业价值。老产品要发展，要振兴，要重塑辉煌，需要多方协作，各方联手，走强强联合之路。可以以某一知名度很高的老企业、老商标为龙头，组成一批集团公司。前些年在一些纺织集团、轻工集团已有不少实例，包括三枪（集团）有限公司、恒源祥（集团）有限公司、梅林正广和（集团）有限公司、杏花楼（集团）有限公司等等。目前这些由老字号、老商标领衔组成的企业集团公司，在市场的各种竞争中，就如一艘艘航空母舰。它们不怕市场上的风风雨雨，一般不会被轻易击垮。这样，上海工业名牌产品商标才能长盛而不衰。

　　现在国内外市场上还有众多上海名牌产品，在经历了公私合营、社会主义改造、计划经济和改革开放，经受了多次社会变革和市场竞争等考验之后，一直生存发展至今，可谓是饱经沧桑，生命力顽强而旺盛。老产品、老商标沿袭着中华民族的血脉，传承着近代文明的精髓，形成了独特的品牌文化和内涵、独到的经营理念和世代相传的独特工艺，对促进社会主义市场经济和社会发展起到了非常重要的作用，在国内民众、海外华侨和国际友人中，具有极其深远的影响。

　　上海老产品商标记载了上海一段辉煌的历史，是中国民族工业的瑰宝。它见证了上海经济发展的进程，是上海城市发展的一笔宝贵的财富。谈论上海商标的历史与发展，不仅仅是对上海过去和现在部分名牌商标的重温与回顾，更是为了今后大踏步超越过去的需要。

艰苦创业

"华生"电扇的艰难起步

　　我国第一家家用电器厂——上海华生电器制造厂是谁创办的？人们可能没有想到：它既不是哪位电器工程技术专家创办的，也不是哪位机械工程设计人员筹建的。它是由一位平时工作与电风扇毫不相关的账房先生（即现在的财会人员）杨济川，联合好友袁宗耀和叶友才创建的。工厂建于1916年，位于北四川路（今四川北路）横浜桥附近。

"华生"牌电扇的艰难初创

　　19世纪末，我国电扇生产行业完全被洋牌洋货所垄断。特别是美商慎昌洋行出售的"奇异"牌电扇，长期独占我国家用电器产品市场。1905年底，国内曾掀起了一场"抵制美货，使用国货"的声势浩大的爱国运动，这使当时在裕康洋行做账房先生的杨济川深受触动。作为一个中国人，自己整天为洋商推销洋货，总不是滋味。由于工作关系，他经常要和外商打交道，自己学会了英语。他从小对电器、化学产品等很感兴趣，平时常买来一些小电器零配件，自行研究改进，制作一些实验品供玩赏。这些经历都为他以后从事电扇生产，打下了扎实的基础。其间，因有同样的爱好，杨济川还和他的两位好友袁宗耀、叶友才经常交流电器制作技术经验。为此，他们曾多次设想自己开办一家电器产品生产厂，但苦于无法筹集到开厂所需的大量资金。后通过叶友才的联系，他们和扬子保险公司经理、苏州电灯厂大股东祝兰舫拉上了关系。祝先生表示愿意为他们提供建厂资金，但要杨济川拿出一个有市场销路、有发展前景的电器产品的样品给他看过，才能提供资助。

　　为了获得祝老板的信任，杨济川他们经过市场调研，决定试制较有发展前途并能获得较高利润的电扇样品，来显示自己的电器制作技术水平。然而制作电扇，需要铸铁翻砂、机械金加工、电器装配和油漆等许多工序。他们除了自己设计加工电器配件、电镀外，如铸铁翻

上海华生电器制造厂

砂等都只能请其他厂家按他们的图纸要求进行加工。在经过长达半年的努力后，两台电扇样品终于试制完成。祝兰舫看到他们送来的电扇样品，大为赞赏，当即表示愿意出资合作。但祝老板对杨济川等还有一个要求：当时社会上窃电现象较为严重，祝老板正为电灯厂遭用户大量偷电而发愁，于是请杨济川帮助制作电流限制表，以应电灯厂急用。无奈之下，杨济川只能将制造电扇之事先放在一边。

1915 年，杨济川等根据进口电流表的样式，通过改进、简化结构，试制了两只结构简单合理的家用电流限制表，送给电灯厂使用。对此，祝兰舫感到很满意。这样，到了 1916 年 2 月，杨济川等通过祝老板的帮助，筹集到几万两银子，在上海北四川路横浜桥附近，开设了我国第一家家用电器制造厂——华生电器制造厂。之后 8 年里，杨济川等 3 人先后研制和生产了电压表、电器开关、输电变压器和交流发电机等一系列电器产品。

"华生" 牌商标的真正含义

1924 年，华生厂在上海周家嘴路扩建厂房时，就着手生产电扇。当时，厂领导还为自己的电扇产品，起了一个同厂名一样的商标名称"华生"。其真正含义就是要使以后的"中华民族更生"，即中华民族在不远的将来，能生机勃勃、蓬勃向上，并以此展示国人在现代电器产品制造中的科学技术和生产水平。早年上海华生电器制造厂使用的"华生"牌电扇商标，有中、英文两种不同的图样。中文商标由繁体

华生电器广告

字"华"与"生"上下合并，再艺术加工成一个圆形，组合在一起，外面再加上一个圆圈。"华生"牌英文商标图案设计，也非常巧妙，独具匠心，整个画面内容由"华生"的英文"Wah Son"中两个大写英文字母"WS"交叉组成商标图形，并也由一圆圈构成整体图形。

各种"华生"牌电器产品相继问世

　　1925年6月"五卅"惨案时期，国人曾再次掀起"抵制洋货，使用国货"的爱国运动。华生厂为配合爱国运动，加班生产1000台"华生"牌电扇，供应国内市场。1926年，该厂应邀前往美国费城世博会展览，并荣获丁等类产品银质奖章。1929年，该厂生产达到2万余台。"华生"牌电扇打破了由美商"奇异"牌电扇独霸中国市场的不利局面。

　　20 世纪 30 年代初，"华生"牌电扇的生产已进入全盛时期。当时，华生厂开设了 10 个分厂，年产"华生"牌电扇 3 万余台。另外，在国内 25 个城市均设有经销分公司，销售量占国货电扇的 85%。除了生产"华生"牌台扇外，该厂还生产"华生"牌吊扇、火车专用风扇、电动机、电流限制器、变阻器、避雷器、充电器、电流表、电压表等等各种常用电器产品。

五个青年人创立的"鹅"牌

近百年前的青年人择业，远比现在的年轻人来得艰辛。如从我国早期针织行业的知名企业——上海五和织造厂的创办来看，它并不是由著名实业家投资的，也不是由知名工商业者组建的。它是20世纪20年代由浙江宁波籍的任士刚与他的四位青年好友创办的。而该厂生产的"鹅"牌针织内衣，一直是国内针织内衣市场上的传统名牌产品。

"五和"商标及企业名称的由来

20世纪20年代之前，在国内纺织品市场上，针织内衣完全是洋货一统天下的局面。到了1924年，全国范围内多次掀起反帝、反封建的运动高潮，同时激发了全国各界民众"抵制洋货，使用国货"的爱国热情。当时有几位在上海工作的大学生，面对我国针织品市场长期被法、日等国洋货占领的局面，决定自己筹办织造厂，使用国货商标。一位名叫任士刚的青年，一手发起组建了一家名叫"五和"的织造厂。五位创始人中，有两位是任士刚的同窗好友，还有两位是他的浙江籍同乡，他们平日交往甚密。任先生一提出创办织造厂这一设想，马上得到其他四位同学的响应和支持。五人集资白银 2 万两，在当时的上海爱文义路（今北京西路）永吉里，筹建了一家五和织造厂。厂名叫"五和"，意为"五个老板和气生财，团结致富"。而任士刚为何又为自己的产品商标取名为"鹅"牌呢？原来"鹅"与"和"，用宁波方言来说是谐音，所以他们决定用"鹅"字做商标名称。这样"鹅"牌商标便正式诞生了。

"五和"牌申请政府商标注册

自从确定"五和"厂名和"鹅"牌商标名之后，任士刚首先想到的是：怎样依法保护"鹅"牌商标名称与"五和"企业名字？1928年，任士刚与本厂同事商量决定：向当时国民政府商标主管部门申请"鹅"牌商标注册。在申请"鹅"牌商标注册时，他们分别注册了几种商标图样内容，有一只鹅的，也有两只鹅、五只鹅的。另外，他们还先后注册了"金鹅"牌、"银鹅"牌、"天鹅"牌、"蓝鹅"牌和"白鹅"牌等一系列与"鹅"有关的商标名称，其目的就是要多注册几种相关的商标名称和图形，来保护以后自己使用的"鹅"牌商标专用权，不被其他同行非法仿冒。

五和织造厂从 20 世纪 20 年代后期选定生产针织内衣，包括棉毛衫、汗衫等产品后，厂领导就在产品质量上，投入了大量的人力、物力，特别是对"鹅"牌汗衫制造工艺技术，进行了重点质量攻关。到20 年代末，"鹅"牌针织内衣商标便一举成为同行业中的名牌。当

20世纪30年代，五和织造厂生产的"鹅"牌棉毛衫和包装纸盒

时，"鹅"牌针织内衣等产品曾先后参加上海、青岛、南京、镇江及国外的新加坡、泰国等国货流动展览和陈列，并多次荣获西湖博览会等全国性的优等奖。那时的"鹅"牌商标已是声名卓著，而"鹅"牌汗衫则是风靡全国，并首先打破高档汗衫长期由外国"舶来品"独占我国市场的被动局面。当时的"鹅"牌汗衫质量已完全赶上日货，并超过法国产的高档洋货。20世纪30年代初，五和织造厂生产的"鹅"牌60支双股麻纱汗衫，已率先改变我国国货汗衫无上等货色的落后面貌。

抗战时期"五和"抵制日货

1937年7月抗战全面爆发，8月日军侵占上海。一向以"使用国货，抵制洋货"为己任的五和织造厂，便成为日商同行的眼中钉。在日军占领上海期间，因任士刚曾于1932年九一八事变一周年时，在

全国知名大报上海《申报》上刊登"鹅"牌商标的宣传广告《外感
与外侮》，并写道"鹅牌卫生衫可防止外感，吾人从人身的外感，便
想到国家的外侮。国人应精诚团结，共御外侮"，以此激励人们应当
"抵制洋货，使用国货"，宣传爱国抗日行动，而由此对"鹅"牌商标
怀有刻骨仇恨的同行日商康泰绒布厂，便雇佣一批日本浪人，乘机放
火烧毁了五和织造厂的厂房、生产设备和产品原料，使"鹅"牌产品
的生产受到巨大影响，并导致"鹅"牌汗衫等生产完全停工。上海解
放后，在党和政府的关心帮助下，"鹅"牌产品才获得新生。

上海五和针织二厂

走联合之路的"飞轮"

几千年来，我国大江南北各个地方、各个民族，都是以手工纺纱、手工制线来缝制日常使用的衣被。但到了清朝末年，国人传统缝制习惯便受到先进洋货的巨大冲击。国外缝纫机（当时国人称为"洋机"）传入我国城乡各地后，我国的手工业逐渐发生变化。原先以手工制衣为主的我国传统手工制品，便逐步开始被洋人研制的、缝纫速度快、产品质量好的机械化缝纫机生产的产品所替代。而专门为缝纫机配套使用的缝纫机线也应运而生，并很快成为近代一种需求量很大的新型工业产品。值得一提的是与缝纫机线有关的我国著名实业家、棉线业巨擘——罗立群，以及由他一手创立的中国飞纶制线厂和知名棉线"飞轮"牌商标。

一家专业制线厂的快速成长

清朝末年，由英国人生产的"链条"牌、"铁锚"牌洋线团，率先输入我国市场，由于生产缝纫机线利润较高，到了 20 世纪 20 年代末，我国制线工业也有了一定的发展。上海等沿海工业发达的大城市，也陆续创办了几家制线厂，并诞生了一个我国民族制线工业的后起之秀，即英商"链条"牌竞争的有力对手——中国飞纶制线厂。而为何称其为后起之秀呢？它和其他民族制线厂有何不同呢？这些和他的创办者有密切的关系。

中国飞纶制线厂是由我国近代著名实业家罗立群创办的。罗立群生于清宣统元年（1909年）。从青年时代起，他就系统学习纺纱制线知识。这为他之后独立从事制线工作打下了扎实的基础。1929年6月，年仅20岁的罗立群，便决定自己开办制线厂。他经过一段时间艰难的资金筹措，最后筹集白银2000两，选择在上海南市晏海路（今河南南路），独资创办了一家专业制线厂。当时血气方刚的罗立群首先为自己的制线厂起了一个气势宏大的"中国"名字。以"中国"两字激励自己以后生产的木线团是中国产品，同时决心要和英商"链条"牌一争高低。罗立群给商标取名时，也是经过细心研究的。洋商叫"链条"牌，他取名"飞轮"牌，其目的就是要早日赶上和超越"链条"。

在30年代开始的头几年里，"飞轮"牌与"香槟"牌、"红狮"牌等商标的国货木线团，通过不断提高产品质量、对外扩大商标宣传，在国内缝纫机线市场上占有了一席之地，但仍无法和强大的英商"链条"牌相提并论。"飞轮"牌商标的社会影响力、市场占有率等和"链条"牌相比，还有很大的差距，随时面临着被英商"链条"牌挤垮的危险。

走联合之路以面对洋货竞争

1934年10月，英商绵华洋行为了巩固"链条"牌洋线团在我国制线市场的垄断地位，决定在我国"链条"牌销量最大的地区——上海，筹建英商绵华线厂。他们从本国运来当时最先进的制线设备，利用我国的原料和廉价劳动力，大量生产"链条"牌洋线团。其最终目的就是要将包括"飞轮"牌商标在内的所有中国生产的木线团，一网打尽，将对"链条"牌销售产生影响的所有的中国木线团产品包括商标彻底压垮，直到完全消失于国内缝纫机线市场为止。

面对这样生死存亡的关键时刻，为了使自己和同行企业能长期生存下去，同时也为了使自己刚树立起来的民族品牌"飞轮"不被英商"链条"牌轻而易举地挤垮，罗立群经过多方市场调查，和同行一起研究英商在国内棉线市场的经营动态之后，大家毅然决定：只有同行联合起来，中国缝纫机线产业和国货商标才能避免被英商"链条"牌挤垮的危险。当时罗先生说服上海地区很多同行，如和丰、中华、瑞

20世纪40年代，中国飞轮制线厂生产的"飞轮"牌线团

和等制线厂，向它们分析利害得失，最后大家终于走上联合之路。罗立群等要以民族制线工业品牌"飞轮"，和英商"链条"展开市场竞争，一拼到底。

不再见到洋货的踪影

经过两年多时间的努力，到抗日战争全面爆发前夕，已经联合起来的中国飞纶制线厂，无论是企业经济实力、生产能力还是市场销售等，都有很大的发展。"飞轮"牌木线团的市场占有率比过去有了很大提高。而最重要的是，"飞轮"这个民族品牌在国内市场上稳稳地站住了脚跟。罗立群创立的"飞轮"牌，已不再惧怕英商"链条"牌的市场竞争。中国飞纶制线厂又经过多次技术改进，使"飞轮"牌木线团产品质量完全赶上了英商"链条"牌洋线团。之后，在我国制线市场上，再也不见英商"链条"牌洋线团商标踪影。

中国飞纶制线厂生产的飞轮牌缝纫线

几经沧桑话"回力"

"回力"牌胶鞋，由上海正泰信记橡胶厂生产。该厂是一家诞生于 20 世纪 20 年代的知名橡胶制品生产企业，早年主要生产"回力"牌球鞋、跑鞋、套鞋和部分车胎等橡胶制品。该厂早期除了注册使用"回力"牌胶鞋商标外，还使用有"大喜"牌、"三八"牌、"八吉"牌和"万年青"牌等品牌，其中以"回力"牌胶鞋商标在市场上使用的时间最长，在消费者中的影响力也最大。

商业老板创办工业企业

我国近代橡胶工业发展缓慢，至民国初期，国内还没有一家专业橡胶制品生产企业。要开办一家国货橡胶制品生产企业，生产场地、制造技术和启动资金等都是一个个不小的难题。那时，沿海各大城市，人们经营进口橡胶制品，获利丰厚。故从事橡胶制品买卖的华商人士，都想有朝一日也能开设民族橡胶制品厂，生产国货橡胶产品。1927 年，义大华洋杂货抄庄老板石芝珊和正泰昌华洋杂货抄庄老板黄剑青等一次集资 10000 两白银，合伙创办了正泰信记橡胶厂。

初创时期，厂名为义昌橡皮物品制造厂，由石芝珊担任厂长，厂址在塘山路（今唐山路）1025 号。创办人石芝珊、黄剑青长期销售进口胶鞋这类橡胶制品，对胶鞋成品加工工艺流程等方面专业知识已有了详细的了解。这为他们后来直接大胆从事橡胶制品的生产加工，打下了扎实基础。早期，工厂所需生产设备、原材料等，除了橡胶从南洋地区采购外，其余均是从日本进口。由于投资有限，生产规模很小，只有两台小型炼胶机、一台压延机和一只硫化罐。工厂每天只能生产"八吉"牌胶鞋约 200 双。早年工厂生产的胶鞋质量不高，在市场上销售较为困难，且经常面临亏损，故从一开始工厂就陷入困境。幸亏当时有正泰昌华洋杂货抄庄资金支持，才勉强维持生计。

形势变化所带来的经营转机

1928 年 5 月，山东"济南惨案"爆发后，日军非法侵占济南，滥杀我无辜贫民，以致引起民愤，并在全国范围掀起一场声势浩大的"抵制日货、使用国货"爱国运动。其间，包括各种橡胶制品在内的日货商品，大量滞销。此时，义昌橡皮物品制造厂的胶鞋产品，经过技术改进，产品质量有了很大的提升，产品销售在市场上有了转机。而当时，黄剑青、石芝珊等合伙双方却在经营理念、利润分配等方面产生了分歧。这样，至 1929 年底，双方决定独立门户，即石芝珊拆股。

1930 年 1 月，义昌橡皮物品制造厂进行改组，由黄剑青出任经理，并组建新的正泰橡皮物品制造厂。工厂资本总额也扩大到 18 万

正泰信记橡胶厂

20 世纪 40 年代，正泰信记橡胶厂
对外发布的"回力"牌胶鞋广告

元。当时，工厂改用"大喜""三八"商标，生产套鞋、球鞋等产品。不久九一八事变爆发，国人再次掀起抵制日货运动，正泰厂又一次获得商机，国货胶鞋的销售日渐兴旺。但好景不长，因工厂上层领导和经营管理人员内部管理混乱，致使企业濒临倒闭。无奈之下，该厂于1933年底再次进行改组，更名为正泰信记橡胶厂。

"回力"牌商标暗示抵制日货

20世纪30年代中期，上海等沿海地区橡胶制品市场发展很快，以其中上海大中华橡胶厂生产的"双钱"牌球鞋、套鞋名声最大，而大中华厂又资金雄厚，有4个分厂，完全处于橡胶行业的领先地位。当时，正泰厂在与同行大中华厂的胶鞋等产品的市场竞争中，经常处于不利地位。只有在销售旺季，"双钱"牌胶鞋脱销时，才能趁机销售一点。为了早日摆脱困境，扭转被动局面，正泰厂经营者决定另辟蹊径，采取多种灵活销售办法，扩大销售渠道。如他们经常采用降价促销、奖励促销、上门走访学校促销等方式。另外，他们从内部进一步改进经营管理，建立规章制度，改善职工待遇，选拔精干人才。这样，一面降低成本，提高质量；一面大做广告，刺激产销。

为了适合当时社会上青年人追求生活时尚的心理，正泰厂设计人员在胶鞋布面设计上不断翻新，设计出各种新颖的胶鞋款式，满足青年一代的需求。该厂还采用带有洋味的"回力"牌商标名称，以此迎合青年消费群体的购买欲望。

今天的"回力"品牌专柜。在时尚、活力之中展现"国货之光"

　　当时，正泰厂为了进一步体现爱国精神，在"回力"牌商标图样设计中动足脑筋。他们以一名武士张弓射日作为主体画面，以此暗示"抵制日货"之意，又展示青春活力。

抗战前夕"飞马"牌诞生记

诞生于 20 世纪 30 年代抗战全面爆发前夕，由上海知名纺织企业创立的针织内衣老商标——"飞马"牌，在经过长达 80 多年的风风雨雨之后，依然具有强大的生命力，且至今仍然活跃在国内针织品市场上。"飞马"牌针织内衣商标，最初由上海景福衫袜织造厂创立并使用。该厂是由我国现代著名工商业者徐文照等 5 人合资创办的。

企业初创经过

徐文照，浙江余姚人，出生于一个从事纺织品生产的家庭。他的父亲徐霞村，原在我国第一家针织内衣厂，即于清光绪二十二年（1896 年）由浙江杭州籍富商吴季英创办的上海景纶衫袜厂任经理。1932 年，徐霞村因病去世后，厂方不忘他对工厂所做出的巨大贡献，特邀请徐霞村的儿子，时年 22 岁的徐文照进厂工作。徐文照常年受父亲工作的影响及熏陶，对针织产品的生产和销售等已有所了解。自从进厂后，他刻苦钻研业务，且又善于交往，不久之后，便对国内针织行业产、供、销等各个环节，了如指掌。之后，他升任副经理一职。他在工作期间，有幸结识好友——学徒出身的徐云庆。两人经过多次商谈，决定以后独立创业，即创办属于自己的工厂。后来，他们向亲朋好友多方集资共 2 万余元法币，于 1937 年 1 月，创建景福衫袜织造厂。

创办之初，景福厂位于早期的闸北工业区，即中华新路 200 号，完全是一家弄堂小厂。当时，该厂的生产设备仅有汤姆金车 4 台、台木鲁车 5 台、罗纹车 4 台，只有 10 多位职工，以生产白色针织坯布为主，使用的产品商标为"象"牌。当时，工厂生产的针织坯布主要销往长江流域的南京、汉口和重庆等地。另外，由于景福衫袜织造厂早期投入的生产资金不多，产品产销量不大，业务发展很有限，仅靠徐文照在景纶衫袜厂的一点业务关系维持生产。

创业之初的产品广告宣传

在工厂开工半年多，即将步入大批量生产之时，上海爆发了"八一三"抗战，闸北工业区不久便遭沦陷。而该厂正好位于日军敌机的轰炸区域。其间，附近交通中断，产品和原料无法及时运送。还有面对日军炮火的日益威胁，无奈之下，厂领导只能将工厂部分生产机械设备搬迁至法租界徐家汇路（今肇嘉浜路）打浦桥惠荣坊 1 号，继续维持生产。

1939 年，该厂利用所获的部分盈余，扩大和调整产品结构，先后购置了缝纫机 30 台，开始生产 32 支、42 支、60 支和 80 支等档次的汗衫和背心。之后，又生产棉毛衫、卫生衫和卫生裤等市场热销产品，同时采用"飞马"牌商标。由于"飞马"牌汗衫、背心具有透气、滑爽、吸湿性较强等特点，且做工考究、穿着舒服、品质精良，产品很快进入上海南京路（今南京东路）的四大公司（即大新、永安、新新和先施公司）销售。当时的永安公司还专门为景福厂的"飞马"牌针织内衣设立了橱窗广告和销售专柜。该厂当时经常与知名广告公司联系，并愿出高价，在中华商业第一街——南京路新世界北部拐角处，还有在霞飞路（今淮海中路）、迈尔西爱路（今茂名南路）西北角，爱多亚路（今延安东路）、敏体尼荫路（今西藏南路）西北角等商业闹市中心及上海北火车站、十六铺轮船码头等人员流动较大地区，竖立起大型户外广告牌，做到市民随处可见"飞马"牌针织内衣的产品广告。由于地点位置设置较好，广告效果非常显著。

"飞马"牌内衣出口至东南亚地区

当时，"飞马"牌汗衫等针织内衣不但产品销售量月月都有增加，而"飞马"牌商标的社会影响力，也在逐步提高。20世纪40年代初，"飞马"牌产品不仅在江南一带和长江流域畅销，还远销至华北、东北和华南地区。

1941年，景福厂内部进行改组，注册资金增至3万余元。徐文照又及时引进本市多位针织行业的高级技术人员和一批操作熟练的技术型工人。这样，工厂职工一下子增加到50余人。1942年，工厂经过再次增资扩股，改组为股份有限公司。当时，该厂实有资本储备券

景福针织厂

20 世纪 40 年代，景福衫袜织造厂使用的"飞马"牌汗衫包装标贴

1500 万元，并由徐文照先生出任董事长兼总经理。1943 年初，工厂购进附近的徐家汇路 1260 号（今肇嘉浜路 688 号），占地面积 8.6 亩。年内，工厂新厂房建成，并增设漂染设备，一举成为织、染、缝全能型针织厂。其间，该厂还兼并 3 家小厂，使职工人数也扩大至 500 余人。另外，当时景福厂在国内的天津、汉口和南京等地，设立"飞马"牌针织内衣产品发行所，还通过香港发行所，将优质国货"飞马"牌针织内衣销往东南亚的新加坡、马来西亚和泰国等地。

"百雀羚"在逆境中壮大

目前，在我国化妆品中，不仅社会知名度很高，且完全可以与洋货化妆品并驾齐驱的，人们一致公认为"百雀羚"牌，这是一个数一数二的品牌。"百雀羚"牌化妆品还一度被选为国礼，有幸赠送给外国友好人士使用。

早期，"百雀羚"牌化妆品由上海富贝康家用化学品无限公司生产。20世纪40年代，该公司生产的"百雀羚"牌润肤膏上市，因其产品具有滋养肌肤、防治皮肤燥裂等特点，几十年以来，一直受到广大顾客的推崇，并为人们所津津乐道，而"百雀羚"也一度成为人们御寒护肤品的代名词。

"百雀羚"从弄堂小厂起步

富贝康家用化学品公司创办之初，并不顺利，且很多年都没有什么突出的业绩。该公司由工商业者顾植民创办于1931年8月。公司初设于法租界喇格纳路（今崇德路）125弄33号。创办之初，对外虽称为公司，但实际上完全是一家弄堂小厂，只生产一种名叫"花月"牌花月霜的化妆品。

当时，富贝康公司比国内其他著名化妆品生产企业，如广生行公司、大陆药房、香亚化妆品公司、家庭工业社和中国化学工业社等起步要晚很多时间。富贝康公司的产品质量，虽也不错，但由于品种单调，缺乏必要的产品广告宣传，故在社会上的影响力不大，在消费者中的知名度不高。

早期，该公司产销的"花月"牌花月霜，其纯利润虽也能基本维持企业的日常开销，但多年来公司业务发展不快，没有实质性的进展。从1936年起，顾植民等公司领导经过对本市和周边地区化妆品市场的多次走访和调研，决定放弃生产市场销售量不大的花月霜及社会名声不大的"花月"牌品牌，重新拟定并使用一个新的与公司名称一致的"富贝康"牌商标名称，转为生产爽身粉、美发霜等市场热销产品。

前身"百雀"商标的诞生

1941年，公司又扩大生产范围，增加生产英文"Peh Chao"（之后，改英文为中文"百雀"）牌香粉。早期，"百雀"牌商标和产品包装图样设计，非常引人注目。从当时该商标图样看，"百雀"画面，由上下左右四只雀（即为小鸟）组成，上面标注英文"Peh Chao"牌商标。

在"百雀"牌香粉销售获得成功后不久，公司又根据洋货"妮维雅""白玉霜"等产品特点，同时结合我国东北、华北和西北等地秋冬季节人们皮肤容易干燥、皲裂和生红斑等常见问题，研制成功一种多功能护肤品，即之后在国内各地市场畅销几十年的名牌产品"百雀羚"牌护肤膏。"百雀羚"润肤膏不仅拥有滋润皮肤之作用，使皮肤不干燥、不皲裂，而且还能使皮肤具有光泽，白皙留香。20 世纪 40 年代后期，富贝康公司生产的国货"百雀羚"牌润肤膏等化妆品，已完全取代了当时在我国畅销的德国产"妮维雅"雪花膏，并一举成为国货润肤膏产品中的第一品牌。

20 世纪 40 年代，富贝康公司使用的"百雀羚"牌产品包装盒

"百雀羚"牌商标图样的设计

这里再以当初"百雀羚"牌润肤膏商标名称设计意图看，很明显是在"百雀"牌基础上进行改进的。当时"百雀"牌名称和包装，不但得到国内顾客的认可，还获得海外众多消费者的赞扬。该公司认定不仅"百雀"牌商标名称、图形要精心维护，还应利用"百雀"牌名称、图样的社会影响，在此基础上进行必要的创新。如当时该公司决定在"Peh Chao"（"百雀"）后面，再加上一个"Lin"，与中文"羚

羊"的"羚"音近，因为羚羊是一种生活在北方的非常能抗御寒冷的动物，暗示"百雀羚"护肤品具有像羚羊那样御寒防裂的作用。由"百雀"与"羚"两字合用，组成一个全新的商标名称"百雀羚"牌。

另外，从早期"百雀羚"牌润肤膏商标图样构思看，与"百雀"牌香粉图样，确实是基本相同。所不同的是新添加了用白字深蓝底色组成的"百雀羚"三个隶书大字。从右至左横排，放在画面中间，更为广大消费者所注目。再从"百雀羚"牌润肤膏产品包装历史演变过程看，最先出现在市场上，是用全英文的"Peh Chao Lin"设计的产品包装。因为民国时期，人们崇洋心理较为普遍。而当时该公司为了便于产品推销，迎合了广大消费者的心理需求。在当时国货产品中，特别是化妆产品，厂商使用外国文字的实例，确实较多。另外，从该公司早期印制并张贴在大街小巷和百货商店内的产品广告实物图片看，也确实如此。

20 世纪 50 年代，富贝康家用化学品无限
公司对外发布的"百雀羚"牌产品广告

从维修到生产的"无敌"牌

早期，我国在工业生产领域，从最初维修产品起步，再逐步转为产品生产，这样的实例并不多见。而上海协昌缝纫机器制造厂的创业史，便是获得巨大成功的范例。

上海协昌缝纫机器制造厂是我国现代知名的专业缝纫机生产企业。该厂由我国知名工商业者沈玉山，联合多年好友高品章、张明生等人合资创办于 1919 年，至今已有 100 余年的历史。早年，协昌厂生产的"无敌"牌（后改为"蝴蝶"牌）家用缝纫机，便是我国缝纫机制造行业中的传统名牌产品，曾先后荣获国家银质奖、全国优秀产品奖等 20 多项市、部级以上荣誉奖励。

从修理缝纫机起步

协昌缝纫机器制造厂创办之初为"协昌铁车铺"（早期国人称缝纫机为"铁车""洋机"）。店铺开设在上海郑家木桥路（今福建南路）13号，主要从事家用缝纫机的销售和修理业务，并不直接生产缝纫机。在最初经营的一年多时间内，由于经营不善，业务清淡，入不敷出。这样，高品章和张明生两人退股，店铺改由沈玉山独资经营，随即店号也改为"协昌玉记铁车铺",以示与原店铺的区别。由于沈玉山对缝纫机维修业务熟悉,技术精湛,并一改过去店铺"坐堂等客,店家不分"的旧经营模式,以"讲究信誉,服务周到,收费合理,薄利多销"的多种经营理念,大大拓宽了业务量。

1929 年,国内"抵制洋货、使用国货"的运动日益高涨,沈玉山在爱国运动的直接影响和推动下,再加上他当时已积累一定的资金,便决定要实现自己多年来的梦想,即中国人自己也要创办缝纫机制造厂,生产国货家用缝纫机。在经过一段时间的积极筹备,包括购置钻床、车床等必备生产设备,租借嵩山路 70 号生产场地等之后,一家名为"协昌缝纫机器制造厂"的企业宣告诞生。当时,工厂对外实行工贸一体化经营模式。在生产技术方面,主要由沈先生负责。如该厂早期设计制造的"红狮"牌 25K-55 型草帽缝纫机,是上海最早生产的工业用缝纫机,年产量约 200 台。该产品因博采众长、价廉物美,而很受广大客户的欢迎,并一度成为当时国内缝纫机市场上最畅销的产品之一。

产品市场占有率不断提高

20 世纪 30 年代初,"红狮"牌缝纫机产品在市场上占有率的不断提高,引起同行美商胜家缝纫机公司的注意。当时,胜家缝纫机公司以协昌厂经营的旧机整修业务等冒用了胜家公司的知识产权为由,向上海地方法院起诉。但协昌厂聘请著名律师蒋葆厘,在法庭上据理力争，使胜家公司不得不撤诉。但协昌厂在这场同行纠纷中，社会名声受到一定影响，对日常产品销售直接带来很大的负面影响。

1936年，协昌厂创办人沈玉山根据当时国内缝纫机市场销售状况，决定和胞弟沈玉润合作，出资创办"协昌东记缝纫机公司"，与苏联在沪的粮食进出口单位签订销售苏联产"UNION"牌缝纫机的合同。经过沈玉山等的辛勤努力，包括采取各种销售方式，大力推销，当年取得了不错的销售业绩。其间，他们还开设缝纫技术学校，培养高级缝纫技术人才。对于部分学员想要购买缝纫机的，采用分期付款方式，减轻学员经济压力。他们还大做缝纫机产品广告，聘请专业产品销售员推销等等。这样一年来，共销售了5万多台。后因第二次世界大战和苏联卫国战争爆发，欧亚海运梗阻，苏联产缝纫机无法运入我国市场，货源中断而被迫停止销售。

20世纪30年代，协昌缝纫机器制造公司对外发布的缝纫机产品广告

20世纪50年代，上海协昌缝纫机器制造厂给用户的《无敌牌缝纫机使用指南》

由"金狮"到"无敌"的"蝴蝶"

从1940年开始，协昌厂根据当时缝纫机市场发展情况，决定与工厂的工程技术人员一起试制家用缝纫机，并使用"金狮"牌产品商标。另外，为了降低产品成本，其机壳委托上海广厚机器厂定制。1946年下半年，协昌厂为配合新产品15K-80型五斗台式和44K-13型脚踏式家用缝纫机大批量投放市场，又设计使用了一款全新的商标——"无敌"牌，其寓意为"无敌于天下"。其图样为一只正在展翅飞翔的大蝴蝶，下面还配有英文"BUTTERFLY"。1947年，协昌缝纫机器制造厂为了扩大产品生产能力，在虹口地区的崇明路购置生产厂房。为了拓宽产品销售渠道和提高销售规模，该厂又在汉口中山大道 630 号、广州十八甫 59 号和重庆邹容路 52 号，分别设立分公司。在贵阳、昆明、南通和苏州等地也陆续设立经销处或代售点。之后，该厂根据市场需求，又将"无敌"牌商标改名为现在的"蝴蝶"牌。

　　值得一提的是，近些年经过一系列的产品结构调整，该企业使老名牌重新焕发了生机。

游人如织的田子坊里隐藏着老字号

诚实守信

让人放心的"鸿翔"

"鸿翔"牌时装商标，是 20 世纪 20 年代我国时装行业知名品牌。该产品商标由我国现代著名时装设计制作大师、中国第一家女子时装公司的创始人金鸿翔一手创立。早在 30 年代初，"鸿翔"牌女子时装就曾荣获美国芝加哥世界博览会大奖。而"鸿翔"牌时装商标，也是我国第一个获得世博会大奖的服装类产品商标。另外，金先生早期曾多次受到宋庆龄、蔡元培等知名人士的高度评价和题词勉励。"鸿翔"牌时装，早期之所以能独领我国时装行业之风骚，除了常年设计与众不同的服装款式外，还因产品质量过硬，赢得人们大加赞赏。从金鸿翔多年创业经历中，便能找到一些他常年注重产品质量的缘故。

科班出身的"鸿翔"创办者

从金鸿翔学习女子时装的经历来看，他确实是属于科班出身，曾由一流名师指教。但他之所以能取得如此重大的成就，和他本人平时勤奋学习、努力工作并有一套独特的经营方式是分不开的。如他注重时装款式的不断创新，狠抓产品制作质量，为顾客提供各种特色服务，并注重做好时装商标"鸿翔"牌的广告宣传，等等。

鸿翔时装公司

"鸿翔"为什么能在短时间内迅速发展起来，其原因是多方面的。金鸿翔非常注重时装的设计，能将社会上流行的女装最新款式，及时引入自己的店铺内。他经常带上相机，主动到大世界、外滩等闹市区，仔细观察时髦女士四季衣着变化，拍摄有关新奇时装，作为设计的基础资料。同时，他根据自己丰富的想象，进行再创新，以此设计出顾客满意的时装。另外，他还送弟弟到洋人设计师处学习，用重金聘请犹太人设计师来店主持设计时装。他力求设计新颖，美观。当时，国内一些知名演员、上层名人、富家千金等，均争相定制"鸿翔"牌各式时装。

质量过硬的时装新款式

为了确保"鸿翔"牌时装面料选用、设计、制作等各环节质量，金鸿翔自己制定了详细的以"顾客至上，服务第一"为宗旨的店规。所有来鸿翔时装公司工作的店员，都要先进行严格的技术培训，只有考核完全合格，才能上岗。金鸿翔规定：接待员在前台工作时，一律穿西装，练习生一律穿学生装。各个工作岗位，分工明确，各司其职。接待顾客时，要彬彬有礼，主动热情。量衣时，务必使顾客称心。购货时，做到百拣不厌。另外，金鸿翔为了确保设计、制作的成衣质量，还长期亲自把关，按照顾客制作要求、尺寸大小，复核成衣质量。他要求各位管理人员，每天开工前定人发料，按件发给成品标志。成品要逐件验收编号，并按质量优劣，奖罚分明。

金鸿翔对前台营业员的营业用语，也有很高、很规范的要求。如要求凡是在店堂内的营业员，对于外国顾客，一律讲英语，并用英文开具收据和发票。为此，他要求全体营业员到业余学校学习英语，而有关学费、课本费等，全部由鸿翔公司支付。另外，他还经常从服装加工的人员中，物色口齿伶俐、态度和蔼、行为举止端正大方的员工，培养他们为前台营业员，并作为顾客制衣、选衣的参谋，提高成交率。当时，社会上一般白领阶层，每月工资为一二百元，而鸿翔公司对员工实行多劳多得，平均高达一千元以上。20世纪30年代的鸿翔公司，其业务之兴旺，位居上海所有各大时装公司同业之首。

时装科研与广告一起上

为了确保自己设计制作的女子时装始终处于国内领先地位，金鸿翔精心挑选了一批骨干力量，组织成立鸿翔女子时装公司时装科研机构——"鸿社"。由于他不断推陈出新，很快成为当时我国女子西服的权威。他曾花费大量资金，从国外订阅英、法、意等各国高级时装杂志，从而使"鸿翔"牌女子时装的设计，始终与国际时装界同步发展。另外，他还密切注意收集国际时装界信息发布情况，细心观察国际时装界发展动态和新的潮流。正是靠这种敬业精神、捕捉商机的能

20 世纪 30 年代，鸿翔时装公司制作的
"鸿翔"牌春秋季旗袍

力，他才赢得了广大女性顾客的青睐。

金鸿翔对于"鸿翔"牌时装商标如何扩大在社会上的影响力，也有自己的独到见识。他除了在各大主要报纸，如上海《申报》《新闻报》大做"鸿翔"牌时装广告外，还结合时装穿着季节特点，定期举办各类"鸿翔"牌女子时装表演会、新闻发布会。如 1934 年 11 月，金鸿翔邀请文艺界名流，在静安寺路（今南京西路）大华饭店，举行盛大时装表演会，影星胡蝶、阮玲玉、徐来等以及社会名媛，均受邀参加，轰动一时。

"人钟"被日商假冒之事

  "人钟"牌，是我国著名实业家荣宗敬、荣德生于 1915 年创建的申新纺织公司所使用的名牌棉纱商标。从 20 世纪 20 年代开始，"人钟"牌棉纱在当时国内棉纱市场上，一直处于供不应求的状况。由于"人钟"牌棉纱商标长期被棉纱行业人士公认为名牌商标，因而早在 20 年代初，就一度被同行奸商所假冒，特别是当时日商在华棉纱厂商。

荣德生

荣宗敬

1925 年"五卅"运动爆发后，全国民众掀起了一场声势浩大的抵制日货、使用国货的爱国群众运动，在一段时期内，我国各地商家不进日货，不推销日货，广大顾客不买日货，不使用日货。一时间，大批日货在我国成了不易出售的滞销品。由于日商在华开设的一些棉纱厂在经营上出现危机，他们便将大量日货假冒国货棉纱，企图混入我国各地市场。而国货优质品牌"人钟"牌棉纱商标，则被无耻日商多次假冒。

在报纸刊登谨防假冒"人钟"牌商标

1928 年 10 月 27 日，申新纺织公司向华商纱厂联合会反映，即日有日商丰田纱厂私运日货棉纱改冒华纱"人钟"牌商标，输入内地之事。申新公司要求联合会函请上海市公安局侦缉外，应严加监视、膺惩，以除商蠹之害。后经华商纱厂联合会公决通过，对于日商丰田纱厂冒充"人钟"牌棉纱之事，由联合会登报悬赏。如查有任何人等用劣质棉纱改换包装，或在外包装上直接用冒牌改充"人钟"牌棉纱的，获得确实证据，并指明主使人者，由联合会赏洋 5000 元。同时警告本、外埠印刷业，倘有人冒印"人钟"牌商标，经获有证据者，由联合会酬洋 1000 元。

1928 年 11 月 22 日，申新纺织公司在各大报上刊登启事：即本公司采用上等原料，精纺"人钟"牌棉纱，早已名驰遐迩。近闻有不肖之徒，将劣质棉纱改换"人钟"牌棉纱，以欺骗顾客，鱼目混珠，以

20 世纪 20 年代，申新纺织厂使用的绿"人钟"牌棉纱商标

伪乱真。请诸位客户注意，谨防假冒，上当受骗。

1931 年九一八事变后，国人又一次掀起大规模的抵制日货、使用国货的爱国运动，以配合抗日救亡运动。在我国各地市场，很多日货商品根本无法公开露面。为此，一些日本奸商将日货摇身一变，冒充国货欺骗广大消费者。

无法处罚的洋商假冒行为

在九一八事变抵制日货期间，原先已多次将日货冒充国货的日商丰田纱厂，再次盗用申新纱厂废弃的旧"人钟"牌商标，将他们原先贴用在棉纱上的"丰年"牌商标撕去，改贴申新纱厂的黄色"人钟"牌商标；将该厂原"蓝凤"牌棉纱商标拿下，换上申新厂的蓝色"人钟"牌商标。而日商大康纱厂则干脆放弃他们原先使用的"立马"牌棉纱商标，直接盗用申新第五纱厂使用的"人钟"牌商标。

这些冒牌"人钟"牌商标的棉纱，日商不仅在仿冒地区上海附近销售，还偷偷大量运往浙江、广东等沿海地区倾销。申新纺织公司为了保护自己创立的名牌"人钟"牌商标的社会声誉不再受到损害，加强了防伪力度，包括在每小包"人钟"牌棉纱商标纸上加盖钢印，以便于广大用户识别真伪。

1932 年 1 月 11 日，某商店反映，市场上有冒牌"人钟"牌棉纱出售，申新纺织五厂员工通过多次察访，在上海虹口昆明路上当场截获日商丰田纱厂冒用"人钟"牌棉纱 60 包，并将卡车及货物一并送到公安局，要求诉诸法律进行查处。当时我国法律对于惩治假冒商标

1932 年 1 月，《纺织周刊》刊登
《何以惩日人冒牌华厂棉纱》一文

行为，只能治内，不能涉及外商。事发当时，对于这种假冒"人钟"牌商标之事，也曾急电实业部商标局。此事虽经当时特区法院审理，日商也理屈词穷，毫无狡辩余地，但终因当时无相应的法律可依据处理，最后也就不了了之。最多只能通过社会舆论进行谴责。如1932年1月16日，《纺织周刊》第二卷第三期等就曾发表议论文章《何以惩日人冒牌华厂棉纱》，予以谴责。

假冒行为从上海蔓延至国内多地

从1932年1月28日爆发抵抗日寇入侵上海的"淞沪抗战"之后，日军加紧发动对华的大规模入侵。而经济侵略之野心，更是变本加厉。纺织行业首当其冲。申新纺织公司的"人钟"牌棉纱商标，更是被无耻日商肆无忌惮地大量假冒，且假冒商标的范围，还从原来的上海地区，不断向外省市扩展。

1932年9月6日，申新纺织公司复函山东济宁县各界救国会函：由济南运至济宁贵处的"人钟"牌三股棉纱线货样，经进行查验，系伪造。因敝厂并无三股线产品。"人钟"牌商标亦系伪造。际此仇货充斥之时，贵会独能及时辨别真伪，敝厂实深钦佩。

国货名牌"人钟"牌棉纱商标，在二三十年代被无耻日商假冒的实例，还能列举很多，这里不再一一罗列。

"生"字的"信誉如宝"营销策略

　　以企业字号作为上海路名的实例，虽并不多见，但在本市市区西南面，却有一条知名度颇高的冠生园路，就是以上海冠生园食品公司的字号来命名的。冠生园食品公司由我国现代著名实业家、现代食品加工行业创始人之一冼冠生一手创办。该公司是我国现代著名专业食品生产老字号企业，至今已有100多年的历史。而由冼冠生早年创立的"生"字牌产品商标，至今还在使用，且一直是国内食品市场上的著名品牌。

冼冠生

"冠生园"公司的名称来历

冼冠生，原名冼炳成，原来从事小本买卖，但多年经营，并没起色。后来他在好友的指点下，放弃饭店经营，改为糕点食品加工。其间，他还用家乡广东风味的陈皮梅、牛肉干等的加工方法，在上海生产。这样，一段时间过后，生意总算有了较大的转机。

1915年的某一天，冼冠生在工作闲暇之时，无意之间从上海《申报》中缝广告中，看到一家香港冠生园食品店歇业的消息。当时，他想反正香港冠生园食品店已经倒闭，一般不会再使用店招。再说这"冠生园"店招，当时在社会上已有点小名气，不使用真的有点可惜。想到如此，冼冠生决定便将"冠生园"三个字，拿来自己使用。早期，冼冠生在创办食品加工厂时，并没有直接使用"生"字牌食品商标，而只是将店招"冠生园"三个字，使用在自己产品的外包装纸或食品袋之上。之后，为了扩大"冠生园"食品生产加工规模，他通过向亲朋好友筹集资金，将自己原在阁楼上的食品加工作坊，迁到当时上海南市九亩地附近，并订购了现代化食品加工设备，组建一个比原来大好几倍的新专业食品加工厂。

1918年，冼冠生又继续投资18万元，和别人一起组建一家食品股份有限公司，并将使用了几年且已在社会上小有名气的"冠生园"作为自己的公司名称。公司成立后，由他出任总经理。后来，他为了进一步扩大"冠生园"食品的社会知名度，又毫不犹豫地将自己的名字由冼炳成改为冼冠生。同时，他还请人设计了一个别具一格的汉字"生"的图形，作为自己的产品商标。对于"生"字牌糕点食品商标名称的来历，主要是取企业名称"冠生园"三个字中的一个"生"字，有希望将来企业"生生不息，兴旺发达"之意。

"生"字牌商标的登记注册

最早由冠生园食品公司申请注册"生"字牌食品商标资料，刊登在 1924 年 4 月 15 日，由北洋政府农商部商标局编印出版的第八期《商标公报》杂志第 11 页上。从申请注册"生"字牌的具体内容看，当时，"生"字牌商标专用商品为第四十四类，即主要用于"各种牛肉、果子罐头食品及其他属于本类各项食品"，审定商标的编号为第五〇五号。从当时申请注册的"生"字商标图样看，图形线条简洁明快，主题鲜明突出，色彩主要为红白两色，中间位置为圆形红底白色的篆体"生"字，周围的花边内容是一圈拧紧的红色绳子，意为团结一致，拧成一股绳，一起向前进。

再从冠生园食品公司所使用的含有"生"字牌商标的各种糕点包装食品看，如在早期的糖果铁盒上使用"生"字牌主商标外，还在部分产品上同时使用"仝心"牌或"百鸟"牌等其他副商标。其主要目的为：一方面是区别不同食品的规格或等级；另一方面是防止其他同行对"生"字牌商标的非法假冒。

诚实守信的营销策略

20 世纪 20 年代中期，上海冠生园食品公司坚持在经营中遵照所订立的"三本四不"的原则，即用"本心、本领和本钱"，"不吸烟、不酗酒、不赌博和不讨小老婆"，并以"质量第一，顾客至上，信誉如宝"的营销策略，使公司获得了快速的发展。这样，该公司生产的"生"字牌糕点、糖果、蜜饯和罐头等各类食品，由于价廉物美，便已成为上海和江南一带的名牌产品。1926 年初，该公司应政府和上海食品同业公会等邀请，携生产的市场上的名牌"生"字牌糕点、罐头食品等，远赴美国费城，参加世界博览会，并一举夺得"罐头食物"类甲等大奖。1928 年，冠生园食品公司又迎来新一轮的发展。该公司投资 50 万元，在南京路租赁商铺。之后不久，冠生园食品公司已陆续有总店 1 家，分店十余家。

30 年代初，由于冠生园食品公司产销两旺，获利颇丰，就在上海西南漕河泾地区购地 60 余亩，先后引进德国、英国全套先进生产设备，创办了一座大型现代化食品加工厂。至 1935 年，上海冠生园食品公司已成为生产糕点、糖果、罐头和腊味等 300 多个品种的大型食品公司。

20世纪30年代，冠生园食品公司
使用的"生"字牌月饼包装盒

上海冠生园食品公司生产的"大白兔"奶糖是很多人的童年记忆

"司麦脱"与"中国衬衫之父"

衬衫，现在是人们几乎天天都要穿着的衣服。但是我国近现代衬衫行业的发展历程，名牌衬衫商标"司麦脱"牌历史的演变过程，可能很少有人了解。

"司麦脱"商标的含义

在谈"司麦脱"牌衬衫商标的历史渊源之前，先讲一下"司麦脱"牌商标名称的有关含义。"司麦脱"是英语单词"smart"的译音。英文"smart"这个单词又是什么意思呢？第一，"smart"一词，含有"漂亮的""潇洒的""敏捷的"等意思。第二，"smart"一词，又含有"巧妙的""轻快的""时髦的"等含义。

这样，人们就知道了"司麦脱"牌的拥有人——上海新光标准内衣制造厂的创办者傅良骏，当时为什么要在衬衫这个产品上，使用"司麦脱"这个名称做商标的一些缘故了。

"司麦脱"注重广告宣传与产品质量

　　20世纪30年代以前，外国洋货衬衫如美国的"箭"牌、英国的"海亨森"牌高档衬衫等，一直在我国衬衫市场上占据着垄断地位。30年代初，我国衬衫业的设计、用料、生产和销售，长期落后于洋货、洋牌的被动局面，已逐步被一批有志于改变我国衬衫业落后面貌的爱国人士所打破。如1933年9月，上海知名实业家、我国早期专门制作内衣的高级技师傅良骏等三人，筹集巨资，创办了一家规模较大的专业衬衫厂——上海新光标准内衣制造厂。

新光内衣制造厂

早期，傅良骏等人在产品的对外宣传上就敢于投入巨资。如在 20 世纪 30 年代，傅良骏就在南京路最繁华的地段（今南京路、西藏路口）——的大新公司（现在的第一百货商店）内设立"标准"牌衬衫专柜。当时国货衬衫产品，能在这样知名度很高的大型百货公司设个销售点，已是一个很大的突破。经过几年的发展，到抗战前夕，新光厂已日产衬衫 1000 件以上，成为当时全国衬衫行业中数一数二的大型衬衫生产厂。

30 年代末，新光厂已是产销两旺。傅良骏却并不因一时的兴旺而沾沾自喜。为了使自己的产品跟上国外名牌产品的步伐，并长期处于国内同行业的领先地位，傅良骏不断开发新产品，向市场投放新品牌。40 年代初，傅良骏向国内市场推出一种衬衫新产品，为了迎合一部分消费者的崇洋心理，该厂还适时推出一个用于最优等级品的衬衫商标，一个新颖、别致的英文商标名称——"Smart"，中文译音"司麦脱"，亦在国内报刊、电台等新闻媒体上，大做新商标"Smart"的产品广告宣传。

"司麦脱"牌衬衫设计合理，款式新颖，制作精良，价格公道，一经上市，立刻引起广大消费者，尤其是国内各大城市中、高阶层人士的青睐，同样也受到西方美、英等国同行的密切关注。

另外，傅良骏对自己生产"司麦脱"牌商标的衬衫质量曾制订过严格的质量标准，如果没有达到相应的等级和质量要求，就决不滥竽充数。对"司麦脱"牌衬衫的产品检验，包括产品质量分析、测定等，甚至连产品包装、运输、销售等各个环节，傅良骏都力求达标。

20 世纪 40 年代，新光内衣制造厂生产的"司麦脱"牌衬衫、衬衫商标

"司麦脱"牌衬衫领导衬衫行业新潮流

　　面对国内外同行的激烈竞争，1942 年，傅良骏在衬衫的主要部位，特别是对影响穿着舒服和外观的领衬上进行重大改进，推出新研制的"科学软硬领"，结果很受顾客欢迎。那时国内衬衫的领衬布，一般只是用糨糊上浆。顾客穿着后，一经洗涤，马上变得疲软起皱。这样不但影响穿着，更影响美观。而傅良骏使用"科学软硬领"新工艺，衬衫经水洗后，仍能恢复平挺的状态。

　　40 年代中期，全国大型衬衫生产厂和名牌衬衫商标，大多集中于上海。而傅良骏创建的新光厂在国内衬衫行业中，不仅生产规模、能力、技术等首屈一指，且"司麦脱"商标的市场占有率，当时也是占据着绝对优势。如在 1948 年 3 月有关衬衫行业的统计资料中，新光厂在国内同行业中的职工人数占 60%，缝纫机台数占 35%，每月衬衫产量占 48%，资本总额占 92%，均处在国内衬衫业领先地位。尤其是"司麦脱"牌衬衫的产量，几乎要占全国衬衫总产量的一半。在当时没有哪一家衬衫厂能与新光厂的经济实力和生产实力抗衡。这样，傅良骏一手创立的"司麦脱"牌衬衫商标，一时间便成为全国衬衫行业中的"领袖"，他本人也被称为"中国衬衫之父"。

"飞鹰"成为市场定价标准

　　早期，"飞鹰"牌香精由鉴臣洋行生产。该洋行原为上海地区的一家外贸企业，以经营进口呢绒为主。其间，获利丰厚的外国化妆品大量涌入我国市场后，国人也纷纷设立化妆品生产厂。当时，在洋行从事经营的李润田感到：化妆品原料香精的生产和销售在我国市场上将有较大的发展空间。为此，他毅然决定自己投资香精生产。

优质国货香精的艰难问世

　　清朝末年，洋货化妆品、药品、火柴和烟草等舶来品大量输入我国，刺激了我国民族工业的发展。到了20世纪初，我国市场上的名牌产品，如中国化学工业社生产的"三星"牌牙膏、广生行生产的"双妹"牌雪花膏等等，普遍使用英、法和瑞士等国进口的香精。这些洋货香精，一是产品质量好，二是使用方便。但洋货香精的价格，一般较为昂贵。因而当时国货化妆品、药品等生产成本普遍较高。

　　1920年，李润田经慎余洋行同事介绍，结识鉴臣洋行陆、葛两位老总，在鉴臣洋行内划出一部分，作为自己的经营场所，并借用该行名义创办香料部。当时，对外则称鉴臣洋行香料部。之后，又改名为鉴臣香精原料股份有限公司。

创业初期，李润田专营进口香精业务，首批业务与上海华丰香皂厂成交，获利丰厚，这便增强了李润田经营香精的信心。鉴臣公司搞代理进口香精业务，日常生意的好坏完全由洋人控制。李润田当时想到，如果能将进口原料在国内加工，自配香精，生产国货香精产品，其发展前途一定光明。但李润田也认识到：要自制香精，首先必须突破香精配制这道技术难题。当时，他经同事介绍认识了在太平洋制皂厂工作的波兰人纳格尔。公司以高薪聘请他为配制香精的技师。经过一段时间的反复试制之后，第一代国产香精便宣告诞生。

"飞鹰"牌香精取得突出成绩

国产香精配制出来后，要完全推向市场，也不是一件轻而易举的事情。鉴臣公司根据市场调研，发现国内很多生产厂商在香精原料的选用上，甚至根本就不知道还有国货香精的存在。在这种对国货香精销售很不利的情况之下，公司也只能将自己的产品外包装，用改头换面的方法，来迎合生产厂商崇洋媚外的消费需求。从早期鉴臣公司生产的"飞鹰"牌香精外包装设计风格看，确实完全是一种西洋化的风格。另外，由波兰人纳格尔技师试制，这样的宣传对于"飞鹰"牌香精的对外销售，多少有点帮助。

早期，鉴臣公司生产的"飞鹰"牌香精，在外地销售的情况还可以，而在上海本地的销售反而不行。上海地区的一些日化生产厂家知道鉴臣公司的"底细"，更知道"飞鹰"牌产品的生产过程。有些厂家对于国产"飞鹰"牌香精，即使可以代替进口货，有时也故意挑剔，不愿使用。这就促使鉴臣公司要不断改进香精配制技术和产品质量，才能逐步满足客户的需求。从这点上看，李润田认为是坏事也是好事，可为"飞鹰"牌产品质量的提高创造有利的条件。事实上，也正如李先生预料的那样。如30年代中西大药房生产的"明星"牌花露水，是全国名牌产品，在日常生产中，香精的需求量很大，原先都是使用外国香精原料。后来，鉴臣公司得知该药房需要一种玫瑰型香精来制造新产品，马上发现这一难得的机会绝不能错过。当时，鉴臣公司积极调配多种样品，不厌其烦地多次改进配制，供中西大药房无偿使用。李润田他们这种认真仔细的工作精神、诚心诚意的工作态度，深深地感动了中西药房的老板，同时一笔数额巨大的生意也做成功了。"飞鹰"牌香精的主人，就是这样以百折不挠的精神，取得一个又一个的成功。

20世纪40年代，鉴臣香精原料公司使用的"飞鹰"牌香精包装玻璃瓶

"飞鹰"牌香精质量第一

20世纪40年代，国货香精生产厂家已从原先鉴臣公司一家，逐步发展到20多家，如生产化妆品用香精的有鉴臣、生丰、嘉福、隆达、溢芬等厂商；生产食品用香精的有鉴臣、美生、开隆、亚美、联兴等；生产烟草用香精的有鉴臣、生丰、美生、茂林等厂。应该讲香精生产厂商的数量已不算少了，但分布很不均匀。国内所有香精生产企业全部集中在上海这样一个城市里，香精生产厂家的相互竞争在所难免。当时，在20多家香精生产厂商中，使用的香精品牌就有几十种之多。但鉴臣香精公司的"飞鹰"牌香精在全国国货香精市场上，市场占有率高达45%。这样，"飞鹰"牌香精便成为我国近代香精市场的第一名牌，同时成为当时国内香精市场的产品定价标准。

一炮打响的"三五"牌时钟

"三五"牌各式时钟，由上海中国钟表制造厂生产。工厂由毛式唐、钟才章和阮顺发三位工商业者创办于 1940 年 3 月。长期以来，该厂一直是我国制钟行业的佼佼者，"三五"在国内钟表市场上，成为为数不多的名牌畅销产品，且经久不衰。

"三五"牌时钟在国内市场上一炮打响

中国钟表制造厂诞生于抗战时期。工厂创办人之一的毛式唐，原系天津大纶绸布庄经理，抗战爆发，经济不景气，造成绸缎生意清淡，故携款来沪投资。其间，他结识了上海钟才记木壳厂厂长钟才章及中华教育用具厂工程师阮顺发。当时，他们发现国内时钟市场上，除了进口的日本、德国产时钟十分畅销外，国产时钟因制造粗糙、质量较差，很少有人问津。为此，毛式唐他们经过多次市场调研，决定三人合作，创办中国钟表制造厂。最终，由毛式唐出筹备资金，钟才章出生产场地，阮顺发出生产技术，工厂设立于徐家汇路（今肇嘉浜路）608 号钟才记木壳厂厂内。

20 世纪 30 年代末，由于国内市场上生产的国货时钟，大多数只

20 世纪 50 年代，中国钟表制造厂生产的"三五"牌时钟

能连续走上 7 天。1941 年初，时钟制造专家阮顺发工程师与该厂技术人员经过努力创新，首先应用高精度天文钟上的后退式擒纵结构，将原来的顺齿轮改为逆向运行，这样便能连续走时报时达 15 天而不停。这一小小的技术革新，在当时的时钟制造行业，确实是一个很大的进步。该厂为了突出自己首创的时钟制造新技术，即能连续行走 15 天这种性能和特点，决定采用三个"5"作为自己的产品商标名称和商标图样。由此一来，"三五"牌时钟在国内时钟市场上，便一炮打响。

"三五"牌时钟可走时一个月

之后，中国钟表制造厂在阮顺发工程师的带领下，又多次进行技术创新，不断增加一些花色品种，如曾先后向市场推出"三五"牌长挂钟和台钟等新产品。在产品销售方面，该厂有幸得到中国国货联营公司的帮助，通过国货联营公司在海外的贸易渠道，将"三五"牌各式时钟产品直接出口到东南亚各国。当时，在南洋地区的侨胞，素有强烈的爱国热忱，特别是在抗战时期，关心祖国振兴之心，日益高涨。所以，当国货"三五"牌时钟运抵当地，那里的华侨是踊跃购买，且常常供不应求。至1941年底，该厂当时已有职工120余人，日产各式"三五"牌时钟高达100多台，还是无法满足市场需求。另外，那时该厂生产的各式国货"三五"牌时钟外销量，占全部总产量的80%。其间，工厂又向社会各界集资，将其改组成股份有限公司。

在所开发的新产品获得巨大成功后，该厂工程师阮顺发先生等并不满足于现状。他们又经过多次技术改进，使"三五"牌时钟走时精度由日误差40秒减少至20秒。之后，又试制成功一次将发条开足，从15天，可连续走时报时达31天。

"三五"牌时钟新产品不断

1941年12月，太平洋战争爆发后，日军强占上海市区，港口也被日军完全封锁。中国钟表制造厂的时钟外销业务，被迫全部中断，内销业务也受到国内激烈的市场竞争和同行排挤。该厂无奈之下只能一边大量压缩产量，一边大做产品广告，寻找新的客户。

当时该厂对外所发布的各种产品广告中，最为经典的就是南京路（今南京东路）大新公司（今中百一店）橱窗内的构思创意。广告

倒

掛歪擺歪雖歪不停

倒撥順撥一撥就準

55

三五牌時鐘

20世纪40年代，"三五"牌时钟广告

设计人员将一只制作精良的"三五"牌台钟，故意歪斜悬挂在橱窗中间。而时钟钟面拆去一半外壳面板，让来来往往的顾客和行人，清楚地看到内部机械还在正常地走动。而台钟边上的广告语写道："挂歪摆歪，虽歪不停。倒拨顺拨，一拨就准。""三五"牌台钟正因为具有这样过硬的产品质量和鲜明的特点，而受到广大消费者的青睐。另外，当时工厂还在上海各大报纸、主要马路路牌、大小车站、码头及电影院，大做各式"三五"牌时钟广告。在经过一段时间的广告宣传后，他们打通了沪宁、沪杭铁路沿线城乡的销路。同时，该厂还与国内各大城市钟表销售商洽谈，提出签订寄销合同办法，待货销出后结账付款，按照出厂价九折，再提九五扣，作为佣金，以资鼓励。对待用户购买"三五"牌时钟的，工厂承诺：出了质量问题，终身负责维修。

　　上海解放后，"三五"牌时钟的生产获得了人民政府的扶持，产品得到上海中百供应站的收购，这样工厂产品销路有了根本保障。之后，该厂不断提高生产工艺水平，形成了"三五"牌15天和31天机械钟、石英钟及工业用钟三大系列。其中有"三五"牌台钟、挂钟、座挂两用钟、日历钟、垂直摆钟和落地大钟等10多个品种50多种款式，以及"三五"牌子母钟、塔钟、船用钟等各种专业钟。

"六神"：夏天的中草药

　　这里的"六神"，是指市场上知名的"六神"牌花露水商标。该商标曾先后被上海市工商局、国家工商总局商标局认定为"上海市著名商标"和"中国驰名商标"。另外，"六神"牌花露水产品，还曾先后获得"上海市名牌产品""上海市专利产品""全国用户满意产品"等多种荣誉。

　　"六神"牌花露水在生产过程中，秉承传统医药理论，将大量天然植物精华，融合现代科技和先进工艺，从六味中药中提炼而成"六神原液"。自从它上市以来，由于其产品价廉物美，很受广大消费者的欢迎。

"六神"牌不同凡响的历史

　　"六神"牌花露水的问世，不是一个偶然的成就。"六神"牌花露水的生产单位——上海家用化学品厂，前身是上海广生行有限公司。而广生行公司早在100多年前的1912年，就曾在上海南京路（今南京东路）475号设立化妆品销售门市部，向国内外化妆品市场推出过国内最早生产的"双妹"牌花露水等新款产品。另外，当时该公司还

广生行月份牌

在上海最有影响力的《申报》上，连续大做"双妹"牌花露水等化妆品广告，这在当时的人们记忆中，也留下了深刻的印象。完全可以说，广生行公司创造了花露水品类，并为"六神"牌花露水品牌最后占据国内花露水市场龙头的地位，打下了基础。几十年后，上海家化旗下的"明星"牌、"蝴蝶"牌和"上海"牌等一批优质花露水，在国内化妆品市场上还占有一定的份额。

"六神"花露水的内在成分

早在 1989 年初，上海家用化学品厂研发人员敏锐地观察到：痱热燥痒是夏季最主要的皮肤问题，而传统中医药理和药材应用，是解决这类问题的有效手段。用来治疗痱子和其他夏季疾病的传统中药六神，其中主要成分是珍珠粉和麝香。另外，工厂科研人员还广泛查考《神农本草经》《本草纲目》和《新修本草》等传统中医药典籍，且专程去长白山、大别山和神农架实地考察当地的药材资源。为此，该厂科研技术人员以民间验方和现代科学技术相结合，在经过数次试验后，终于研制成功全新的包含六种传统中药的"六神"牌花露水。同时，"六神"牌花露水的大批量生产，也正式立项。

1990 年初，在该厂生产的第一批"六神"牌花露水问世后，以"祛痱止痒，提神醒脑"为明确的产品诉求，将提炼出来的"六神原液"添加进传统花露香水中。产品包装精美，宣传得当，很快便占领了花露水市场，并在国内化妆品生产领域独占鳌头。到 90 年代后期，

"六神"牌花露水已牢牢占据国内花露水市场主导地位，其市场占有率高达70%。其间，为了扩大"六神"牌花露水生产规模，上海家用化学品厂还改建成立上海家化（集团）有限公司。

"六神"：定位夏天的中草药

2001年，上海家化（集团）有限公司和上实日化控股有限公司等又联合组建上海家化联合股份有限公司。家化公司对"六神"牌花露水的品牌定位第一个关键词是"夏天"。"六神"花露水是一个诞生于"夏天"的产品，"六神"品牌创造性地将六味中草药通过现代手段加入花露水中，使得"六神"品牌逐渐成为夏季个人护理用品的必备之选。品牌定位第二个关键词是"中草药"。"六神"品牌自成立之初，就凭借着鲜明的中国文化内涵树立了强大的民族品牌形象，秉持"中草药"核心理念，来为广大顾客做好夏天防护工作。

该公司原先生产"六神"牌花露水，现在已扩大到"六神"牌沐浴露、香皂、清凉露、爽身粉、祛痱粉、洗面奶等夏令护肤产品，并以其独特的清凉体验，赢得了广大顾客的欢迎。家化联合股份有限公司以自行开发、生产、销售化妆品、个人护肤用品、家庭保护用品及洗涤类清洁用品为主营业务，一举成为我国日化行业的支柱企业。

近年来，作为上海家化旗下经典品牌——"六神"，提出了品牌年轻化战略，经过不断融合与创新，"六神"品牌带给消费者的印象不再是"古板老牌"，而是充满活力的"朝阳国货"。以花露水品类为例，"六神"品牌在保留经典款的基础上，根据细分市场，推出更多年轻化、个性化的产品，以满足不同层次、不同年龄消费者的需求。另外，"六神"牌花露水除了耕耘于一线城市外，继续加大对二、三线城市的渗透，让能够消费、想要购买的人群，都能买到"六神"牌花露水系列产品。未来，"六神"家族还会推出针对不同性别人群使用的细分产品，如男用"六神"牌沐浴露等。人们有理由相信，"六神"商标，会继续壮大与辉煌。

"金星"：优质产品的象征

"金星"牌产品商标，诞生于 1930 年代初。在改革开放之前，"金星"牌给人们留下的印象，都是习惯上指由上海金星金笔厂常年生产的优质名牌——"金星"牌金笔（之后，由金笔改为铱金笔或钢笔）。新中国成立之初，"金星"牌金笔的产量为国内全行业的第一。1952 年"金星"牌年产量为 79 万支。1954 年达到 180 万支，并出口至东南亚和东欧各国。而由钢笔转产生产电视机，也完全是由市场需求所决定的。

"金星"牌电视机的诞生与发展

电视机，一直属于高档耐用电子消费品。上海早在 1958 年 10 月，便组建成立了上海电视台，即已对外开播电视节目。虽然上海在 1958 年 7 月已能生产出第一代电视机，但电视机的核心部件显像管还是进口的。当时，普通百姓能使用电视机的，几乎没有。

20 世纪 70 年代初，电视机元器件进行了实质性的更新换代，由电子管迈入到晶体管时代。1972 年，位于上海斜土路枫林路口的原上海金星金笔厂由政府有关部门进行转产，停止金笔生产，转为生产

上海电视一厂生产车间

20 世纪 90 年代，上海电视一厂使用的"金星"牌彩色电视机使用说明书

电视机。工厂名称也由上海金星金笔厂改为上海电视一厂。之后，上海第一台晶体管 12 频道黑白电视机，便在该厂诞生。而这台 16 英寸"金星"牌电视机，也使我们告别了电视机的电子管时代。从此上海产的优质"金星"牌晶体管黑白电视机，进入一部分家庭之中。而电视机真正在百姓中普及，还是在 20 世纪 80 年代。

1978 年，经国家有关部门批准，上海电视一厂对黑白电视机进行更新换代，及时引进全国第一条彩电生产线。经过厂房改建、彩电生产设备的安装调试等，1982 年 10 月，"金星"牌彩色电视机成品正式推向市场。之后，"金星"牌彩电一直作为上海的标志性产品。"金星"牌彩电品质精良，曾先后荣获国家商业部"全国最畅销国产名牌产品金桥奖""中华名牌大屏幕彩电"等各种荣誉和奖项。2000 年，"金星"牌彩电在上海市场的占有率还占据绝对优势，销售量始终排名第一。但不得不说的是，由于 21 世纪电视机产品日益更新换代，在产品利润日渐微薄的情况下，上海电视一厂的生存条件也日益艰难。2003 年，上海电视一厂的上级部门上海广电集团公司，正式决定停止"金星"牌彩电的生产。这个历史悠久的电视机品牌，就此退出中国电视机市场。

早期"金星"牌电视机凭票购买

20世纪70年代中期，一台"金星"牌12英寸黑白电视机，价格约300元，而当时一般工人的月收入也仅50元左右。也就是当时购买一台"金星"牌黑白电视机，就要一个普通工人半年左右的工资。而要购买一台电视机光凑够钱还不够，除此之外，还要有电视机购物券，就是电视机票。因为早期的电视机，一直是凭票供应的。在当时，"电视机票"可谓一票难求，每个单位每季度每百人才能分到一张，其中多数都是采用抽奖形式，才能最后得到电视机票。而每张票上都载有型号、编号、供应单位、供应日期等主要信息。

"金星"给几代人带来的欢乐

70年代，如果哪家能有一台"金星"牌黑白电视机，那这户人家就如开设了一家小型电影院或小型会场。小区四周邻居会怀着非常羡慕的心情，最好是每天晚上，前往拥有黑白电视机的邻居家观看电视节目。而当时每晚电视节目中，几乎天天都有约2个小时的各种电影故事片或戏剧故事片，轮番播放。如果遇到精彩的体育赛事直播，电视机前，大人小孩，人头涌动，热闹非凡。一些老人看到自己熟悉的各种戏剧，就会看得津津有味。在观看电视节目时，也会遇到各种有趣的事情。如观看电视时，有些似懂非懂的小孩，还会非常天真地问大人一个个有趣的问题，如电视机里面唱戏的或演电影的演员是怎么跑到电视机里面去的，电视机彩色画面是经过怎么染色的，真是把电视荧屏当作真人真事了。由此可见，70 年代，"金星"牌等国产电视机还是比较少见的。

当年，电视机里丰富多彩的文娱节目很好地丰富了广大百姓的业余文化生活。虽然现在每家每户几乎都拥有大屏幕智能电视，但很多人对于早期品质精良的"金星"牌电视机，还是非常有感情的。现在家家户户都有数台大型智能彩电，再也不会出现几十人聚在一起看 14 英寸电视机的场景了。随着国家经济进一步快速发展，科技水平越来越发达，未来的电视机一定会越来越高端，越来越先进。如今，我国社会发展不断加快，人们文化娱乐生活也越来越丰富多彩。

市场竞争

压不垮的"五洲固本"牌

100 多年前，在 20 世纪 10 年代末，国内民族制皂工业几乎是一片空白。当时除了英商中国肥皂公司一家大型生产企业之外，再也没有其他国内制皂企业能与英商进行抗争。虽早期已有几家民族制皂生产厂商，生产过一段时间的肥皂，但由于产品质量、价格和品种等多种原因，均无法与经济、技术实力强劲的英商中国肥皂公司的"祥茂"牌肥皂相提并论，而先后倒闭歇业。

民族制皂企业的再次诞生

当时，民族制皂企业就犹如大海中的一只小舢板，根本就经不起英商制皂公司这艘"万吨巨轮"的撞击。制皂厂的产品只要在国内肥皂市场上一出现，经英商肥皂公司一打压，国货产品就如昙花一现，在市场上便无影无踪。面对远东地区最大的肥皂生产企业和国内肥皂市场销售量一半以上、占绝对优势的英商中国肥皂公司，作为民族制药工业的领军人物——项松茂，认为中国人应有决心、有信心与英商抗衡，绝不能让英商公司长期垄断我国的肥皂市场。

20 世纪 20 年代初，项松茂通过有关业内人士介绍得知：1908 年开设于上海徐家汇的德商固本肥皂厂业主，因第一次世界大战后德国经济建设等需要，德国政府急于召集在上海的德商和德国技师回国。当时该厂虽已被买办张云江接盘，并易名为张云江肥皂厂，但一段时间过后，因经营不佳，面临重大亏损。因而张某急于早日廉价出让，并已在四处寻找买主。项松茂经过与公司成员协商后，力主收买。但一些同事鉴于张云江的失败教训，认为应以为前车之鉴，慎重考虑为佳。而项松茂力排众议，邀请曾留学美国的制皂工程师前往该厂仔细察看，表明工厂锅炉、动力和制皂机器设备均为德国进口，运转良好，毋庸多虑。只要今后产品销售没问题就行。且机器设备用于制药也可，实为一举两得。最后，项松茂在与张云江协商之后，以 12.5 万块银圆收购成功。

"五洲固本"牌肥皂商标被同行假冒

1921 年 6 月，项松茂将企业正式更名为"五洲固本药皂厂"，并正式投入肥皂生产。而产品商标名称，便使用原有企业名称"五洲"，又再加上德商原有的"固本"名称两字。这样一个新的产品肥皂，一个新的"五洲固本"牌商标，同时在国内肥皂市场上宣告诞生。当时工厂分为两大部分，即制皂与制药两个分厂。之后，五洲固本厂还进一步收购了中华兴记香皂厂、南洋木塞厂等企业。其间，五洲固本厂为了扩大香皂的生产规模和产品种类，还先后注册使用有"西美女"牌、"高花"牌、"玫瑰"牌、"绿树"牌、"兰花"牌、"富贵白头"

20 世纪 30 年代，五洲固本厂使用的"荷叶荷花"牌玫瑰香胰包装标贴

牌等香皂商标。

由于五洲厂生产的"五洲固本"牌肥皂，产品质量好，价格适中，引来国内其他同行对"五洲固本"牌产品商标的仿冒。如当时国内肥皂市场上，就很快出现类似"五洲固本"牌商标字样的"玉洲固本""五洲国本""五洲因本"等各种冒牌商标。这对"五洲固本"牌产品的销售带来很大的影响。更为严峻的考验是来自外商同行的激烈竞争。20 年代初，由于国内掀起"抵制洋货，使用国货"的爱国运动，国货"五洲固本"牌肥皂销路日畅，由此引起英商中国肥皂公司的极大关注。

国货 "五洲固本" 牌与英商 "祥茂" 牌展开激烈的市场竞争

英商中国肥皂公司在我国创立较早。凭借雄厚的经济实力和技术力量，其生产的 "祥茂" 牌肥皂产品，在我国市场上有着较为稳固的基础。但为了遏制民族制皂工业的发展，英商经常采用削减产品原料、压低产品售价等原始的竞争手段，迫使国内同行因无利可图而自行歇业。当时英商采取类似办法，企图使新生的五洲固本厂改行或歇业。面对英商中国制皂公司的激烈市场竞争，从 1924 年开始，五洲固本厂确实发生过一定的亏损。但当时项松茂决定将工厂生产销售的 "地球" 牌药品利润，予以补贴 "五洲固本" 牌肥皂。这样，"五洲固本" 牌商标才没有被英商公司扼杀。

30 年代初，英商肥皂公司与五洲固本厂挑起跌价狂潮。其间英商将 "祥茂" 牌肥皂，从每箱 5 元 3 角骤降至 4 元 4 角，迫使 "五洲固本" 牌肥皂，也不得不从每箱 6 元 7 角跌价至 6 元 2 角。这一年五洲固本厂遭受很大损失。但五洲厂又掌握了甘油的生产技术，以甘油的利润，补贴 "五洲固本" 肥皂的损失，并保住了 "五洲固本" 牌商标在国内市场的优势，同时还增加了市场竞争力。

之后，"五洲固本" 肥皂的销路，又多次受到 "祥茂" 市场倾销的不利影响。然而，五洲固本厂也毫不示弱。当时，项松茂之子项绳武在和董事会协商后，马上联合裕华化学工业有限公司等一大批民族化学产品生产企业，走联合之路，增加大量资金，先后试制成功 "五洲固本"白玉香皂等一系列新产品，准备与英商公司决一死战。这样直到抗战爆发，国内肥皂市场销售形势突起变化，"祥茂"与"五洲固本"肥皂生产均受到很大影响。但经过几次国内肥皂市场中外企业的价格、产品和商标的激战，英商中国肥皂公司的"祥茂"牌肥皂商标，始终未能压垮民族企业五洲固本厂的"五洲固本"牌肥皂商标。

"三角"商标与军事战争

在中国现代毛巾生产历史上，陈万运发起筹建的上海三友实业社为我国最早的毛巾生产企业。而该厂所使用的"三角"牌毛巾商标，同时成为我国现代最早使用在毛巾产品上的知名商标。在陈万运早年创立"三角"牌毛巾商标的过程中，始终伴随着与洋货毛巾商标的激烈竞争。甚至"三角"牌毛巾商标与日货"铁锚"牌商标的市场争斗，还成为一场震惊中外的军事战争的"导火索"。

三友实业社的创立

自民国成立后，百业待兴，这为发展小型轻纺工业创造了一定有利条件。1912年，陈万运和浙江慈溪的两位同乡好友沈九成、沈启涌经过协商并市场调研，决定每人出资150元，共450元，在上海虹口北四川路（今四川北路）横浜路附近，租赁五间简屋，购置生产设备，开始生产当时千家万户照明都要使用到的蜡烛烛芯。

因当时是三人合资创办，企业就由陈万运称之为"三友实业社"，产品商标为"金星"牌。这烛芯商品虽小，那时除了进口洋烛之外，国内尚无生产。真可谓是独家经营。到了1914年第一次世界大战爆发，国际航运出现了紧张局面，从欧美进口的洋烛在市场上供不应求。而日商却乘机抬高价格、囤积货物。陈万运等生产的烛芯价廉物美，售价仅为日货的一半，于是零售商纷纷向三友实业社订货。他们很快便赢得了一大批客户。生意兴隆，获利不少。之后，陈万运又改进生产设备，使产量增加三倍，满足了市场需求。

"三角"商标扬名国内毛巾市场

生产烛芯，市场销量毕竟有限，陈万运便又想到人们必需的消费品——毛巾。20世纪初，国人尚未完全掌握毛巾生产技术，因此市场上的国货毛巾质地粗糙，很少有人问津。而日货"铁锚"牌毛巾长期占领我国城乡各地，独霸市场。

为了攻克毛巾生产技术难题，陈万运与生产技术人员经常在一起探究毛巾生产技术。经过一段时间的努力，我国第一代完全能与洋货媲美的国货毛巾宣告问世。因为当时是陈万运等三人合作生产，为此陈万运决定为新产品毛巾重新取一个商标名称"三角"牌。而"三角"牌毛巾商标图样也用一个等边三角形，象征三人同甘苦、共患难。另外，在三角形外面，加上一个圆圈，以表示"三友合作"，团结一致，勇往直前。

从1915年起，"三角"牌毛巾正式开始生产。由于注重产品质量，不久"三角"牌毛巾便逐步在市场上打开了销路。1919年五四运动期间，全国又掀起了一场声势浩大的"抵制洋货，使用国货"爱国

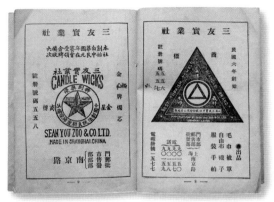

20世纪30年代，三友实业社的"三角"牌毛巾产品广告

群众运动。在这样的形势下，日货"铁锚"牌毛巾的销售直线下降。而"三角"牌毛巾由于质地精良，盛销不衰，并最终成为国内毛巾市场上的主角。从此，"三角"牌毛巾商标，也就名扬国内城乡各地。

"三角"与"铁锚"的竞争引燃"一·二八"战火

20年代后期，由于国内多次掀起爱国运动，日货"铁锚"牌毛巾的进口量已大为减少。为此，自从1915年"三角"牌毛巾商标诞生之后，日商"铁锚"牌毛巾的生产经营者就将"三角"牌商标看成是"眼中钉""肉中刺"，时刻准备寻找机会将"三角"牌毛巾置于死地。

九一八事变后，日本驻沪武官田中隆吉接到上司密电，要他在上海制造事端，以转移国际社会对日本扶持"满洲国"成立的不良影响。田中隆吉当时一眼选中的"铁锚"牌业主多次提出要报复陈万运

日人昨日迭次暴動
昨晨三次火焚三友實業廠
工部局華捕被殺一受傷二
下午居留民會後沿途尋釁
襲擊商店街市傷二四輛

1932 年 1 月 20 日，三友实业社引翔港毛巾厂"日僧事件"现场

创立的"三角"牌生产厂三友实业社，要将其作为制造事端的对象，并给日本进攻上海制造"口实"。

1932年1月18日下午，由田中隆吉和日本女特务川岛芳子指使的五个日本和尚，到马玉山路（今双阳路）三友实业社毛巾厂门口无端闹事，被厂里工人劝阻。这时路边突然窜出女特务川岛芳子和事先布置好的30多名化装成中国工人的日本打手。他们手持匕首、木棍，将闹事的日本和尚打成一死一伤后，逃离现场，同时把伤人之事，故意嫁祸于三友实业社毛巾厂的工人。这样就制造了轰动一时的"日僧事件"。

在"口实"制造成功后，日本侵略者来到三友实业社毛巾厂，将整瓶整瓶的汽油、煤油，浇到三友厂的板壁上，引火燃烧。他们将陈万运生产的"三角"牌毛巾，包括生产厂房、设备、原料等全部烧毁。当天下午，日本暴徒又在北四川路（今四川北路）一带，沿街游行示威，撕毁抗日标语，捣毁公共汽车，砸坏一些商店玻璃橱窗内的"三角"牌商标宣传牌和"三角"牌毛巾等物品。

同年1月28日深夜，日本侵略军又突然向上海闸北天通庵路和宝山路等处驻军开炮。闸北、宝山地区一带，顿时变成一片火海。当时驻守上海的十九路军，奋起还击。一场震惊中外的"淞沪抗战"，就此爆发。在这场激烈战斗中，由陈万运先生负责的三友实业社毛巾厂，以全部货款及卡车等物品，全力支援十九路军的抗战，并给骄横一时的日本侵略者及"铁锚"牌毛巾的经营者，以最沉重的打击。

一场奇特的商标官司

　　余芝卿何许人也？现在知道的人已不多。但如果说起大中华橡胶厂和"双钱"牌元宝套鞋，上了年纪的人知道的一定不少。如果再说影响大一点的产品"双钱"牌轮胎，这样包括青年一代、汽车驾驶员，知道"双钱"牌产品的人，一下子就会增加许多。"双钱"牌各式套鞋也好，各种轮胎也罢，它们均出自我国现代著名实业家、民族橡胶工业先驱余芝卿之手。余芝卿早年创办大中华橡胶厂，创立名牌"双钱"橡胶制品商标，20世纪30年代与外商轮胎商标展开激烈的市场竞争，特别是国货"双钱"牌轮胎与洋货"老人头"牌轮胎的一场

余芝卿

长达 6 年、极为少见的商标官司，至今令人难忘。

创立"双钱"牌橡胶产品商标

1926 年 2 月，旅日侨商余芝卿经过对国内橡胶市场的细致调研，决定从事橡胶制品的生产，并一次出资 8 万元，委托他的好友、助手薛福基、吴哲生等，与日本 A 字护膜橡胶厂商谈筹建橡胶厂的协议。其间，余先生还利用与日商橡胶厂的业务关系，决定派技术人员前往日本学习制造橡胶产品的技术。1927 年初，余先生在上海西南徐家汇地区租地 27 亩，新建厂房，购买生产设备，筹建橡胶制品厂。1928 年 10 月，经过两年多时间的筹备，橡胶制品厂建成并正式投入生产。初期厂名定为上海橡胶厂。之后，余芝卿嫌企业名称范围较小。他想起在日本有一家名声很大的"大日本橡胶厂"，便更名为富有民族特色的"大中华橡胶厂"。这个厂名读音既响亮，气势又豪迈。初创时期的大中华橡胶厂，由于厂小力薄，每天只能生产 80 双左右的"双钱"牌跑鞋或雨鞋，且产品质量不够稳定。为此，余芝卿决定聘请外国技师，逐步改进产品质量。

"双钱"牌商标名称、图样形成的有趣过程

工厂创建之初，余芝卿根据长期从商经验，了解到众多民族橡胶厂之所以经营不善，走向衰败，其中一个很重要原因就是平时不注重

大中华橡胶厂旧址，现为徐家汇绿地

对自己产品商标的各种宣传，包括在市场上没有一个响亮的属于自己的产品商标名称。余先生意识到企业产品商标在市场上是多么重要。产品商标代表着一个企业的社会形象和产品声誉。如果创立了优质名牌，其市场价值是无法估量的。对于设计一个什么样的商标名称和图样，余芝卿、薛福基和吴哲生等工厂领导，确实曾有过一番思考。

他们曾设想使用"如意""大吉""百吉""万年青"等吉祥词语，都感觉不满意。不是词汇含义不好，而是有点俗气，一般企业都使用过。如果将这些常用词汇到政府商标注册管理部门申请注册，很可能因商标名称相同或相似，而无法注册成功。某日，余芝卿与工厂同事因工作去苏州办事，偶遇苏州街头有人抬着嫁妆经过他们跟前。新娘嫁妆上面的"双喜""双钱"图样，触发了余芝卿的灵感。他突然想

20 世纪 40 年代，大中华橡胶厂对外发布的"双钱"牌轮胎产品广告

到，如果使用"双钱"作为产品商标，倒也不错。回沪后，余芝卿将有关使用"双钱"商标名称、图样的想法告诉大家。"双钱"与"双全"谐音，并寓意"名利双全，福寿双全。成双吉利，两全其美"。另外，选择两个古钱作为商标，极具中国特色；左右两半相互依存、联成一体，呈现着团结协和的情景；使用"双钱"图案，既与产品轮胎的外观较为形似，又表达了"财源滚滚"的含义。

国货与洋货轮胎商标大战

1935 年 5 月，英商邓禄普公司见通过降价已无法使大中华橡胶厂轮胎停止生产。鉴于当时"双钱"牌轮胎已在轮胎市场站稳脚跟，为了迫使余芝卿停止生产并销售"双钱"牌轮胎，英商动起法律脑筋，玩起法律花招。他们聘请当时有名的美国律师，向国民政府实业部商标局提起诉讼，控告余芝卿生产的"双钱"牌轮胎花纹与英商"老人头"牌轮胎花纹形似，以此为借口要求大中华橡胶厂停止生产、停止销售。按照当时国民政府对外颁布的《商标法》《商标法施行细则》等法律规定，由于这一纠纷不属于商标纠纷，实业部商标局可以完全不予受理。但当时商标局面对英商聘请的美国知名律师，包括迫于英商多方施压，原想通过调解等方法解决问题。但案情的发展结果并不是如商标局想象的那样简单。

1939 年 12 月，大中华橡胶厂向国民政府行政院上诉，结果被驳回，同时训斥余芝卿不得再向行政法院作最后上诉。这场商标官司，终因外国势力的干涉和国民政府行政院的打压，大中华橡胶厂败诉。但当时社会动荡不定，又正逢抗日战争，英商"老人头"牌轮胎生产厂房遭受战争重创，自顾不暇。而国民政府实业部商标局，亦因抗战形势吃紧，忙于从西南重庆搬迁到交通偏僻的璧山县，当然也无法再顾及此案，最后弄得无人过问，不了了之。而余芝卿在抗战中坚持生产"双钱"牌轮胎，也并没有被这场奇特的、不合理的商标官司所吓倒。

从外资到内资的"AQUARIUS"牌商标

现在桶装饮用水、瓶装饮用水和盐汽水等，不仅是家家户户都在使用，而且品牌繁多，有时真让人挑花了眼。在众多品牌中，又以上海正广和饮用水有限公司与正广和汽水有限公司使用的"AQUARIUS"牌（中文即为"宝瓶座"或"水瓶座"）牌子最老，使用的时间最长。

早期知名外资企业正广和公司的诞生

正广和公司最早由英商在华投资创办。早在清末时期，英商便在我国从事饮料生产销售。他们生产的"AQUARIUS"牌汽水产品，在20世纪30年代前，已是我国饮料行业中知名度最高的饮料产品，曾长期垄断我国饮料市场几十年。

1842年8月29日，英国侵略者用大炮迫使清末政府签订了中国近代史上第一个不平等条约——中英《南京条约》。该条约于1843年6月26日换约时，中英达成《边境国税声明》附在《南京条约》后，7月22日，以《中英五口通商章程》公布施行。该章程中有一项重要内容，就是开辟我国沿海地区，包括上海、广州、福州、厦门、宁波

5处为通商口岸。上海被列为沿海通商口岸后，帝国主义列强不仅将大宗日用商品倾销到上海，还在这里开设工厂，以掠取更大的利润，而正广和洋行就是其中之一。

1864年，英国商人麦克利格和考尔特伯克两人合伙，在上海开办一家酒业公司，专门从事洋酒销售业务。他们将从英国进口的各种洋酒半成品，在上海配水、装瓶，利用中国广阔的市场，来获得巨额利润。这家名为"广和"的洋行，总部初设香港，但成立后不久，又迁移至上海四马路（今福州路），并在原"广和洋行"名称前，再加上一个"正"字，这便是后来大名鼎鼎的"正广和洋行"。1882年，该洋行又改名为"正广和有限公司"。

使用寓意深刻的"AQUARIUS"牌商标

正广和公司为了进一步谋取更大利润，1893年在上海虹口提篮桥附近开办了一家专门生产汽水的企业，即泌乐水厂，招收上海地区廉价劳动力，并利用当时远东地区唯一的蒸馏水机器设备，开始生产消费前景看好的汽水。然而，该选用什么名字作为产品商标呢？这可让正广和有限公司的老板们思考了很长时间。最后，他们选取天文学十二星座中的"宝瓶座"星座，取天上仙女将宝瓶中圣水洒向人间之意，即正广和公司生产的汽水将洒向广大顾客，为消费者解渴。由此，公司决定取名英文"AQUARIUS"。同时，将"宝瓶座"星座图案用作产品商标，和英文"AQUARIUS"一起使用。正广和公司的汽水产品商标设计构思，应该说寓意还是很深刻的。

1917年，麦克利格逝世。他的儿子小麦克利格继承父亲遗产之后，将"AQUARIUS"牌汽水生意越做越大，除了原先已在香港、马来西亚设立的分公司外，还在新加坡、澳大利亚等地相继设有分支机构，在北京、天津等大城市也设立营业处。1920年，正广和公司进一步扩大生产规模，如泌乐水厂每台灌水车的龙头由8只，增加到12只；工人从10多人，增加到30多人；运输工具也由最初的人力车改为马车，后来又发展到汽车。

1923年6月，正广和公司扩建的新厂房投入使用，并将原泌乐水厂改名为"正广和汽水厂"。到20世纪20年代末，正广和汽水厂一举成为当时国内规模最大的汽水饮料厂，而该厂使用的"AQUARIUS"牌汽水商标，也成为国内食品饮料行业中的第一品牌、最著名的饮料商标。到了30年代初，正广和汽水厂生产的"AQUARIUS"牌汽水，在整个沿海地区，已是家喻户晓。

20世纪30年代，正广和公司使用的
"AQUARIUS"牌汽水搪瓷盘

30 年代中期，正广和汽水厂还大做"AQUARIUS"牌产品商标广告。当时国内很多知名大报、杂志等上均可看到它的汽水广告。人们在一些日常生活用品，如茶杯、茶盘、日历牌、日记本等上面，也能发现"正广和"与"AQUARIUS"牌商标广告。当时，由于国内同行华商汽水生产厂家，一无特权保护，二无雄厚资金做后盾，其产品销售量、生产量和品牌社会影响力等，根本无法与正广和汽水厂的"AQUARIUS"牌汽水相提并论。当时，正广和汽水厂生产的"AQUARIUS"牌汽水，达到鼎盛阶段，完全控制了上海这个国内汽水销售量最大的市场。

正广和公司与产品商标被人民政府接管

1937 年 7 月，抗战全面爆发后不久上海沦陷，正广和汽水厂也被日军强行占领。厂名随即被换成"大日本军管正广和汽水厂"，生产

百年正广和

的产品直接为日军侵略者服务。1943 年，日本侵略者为了欺骗我国民众，曾表面上将该厂转交给汪伪政府。但汪伪政府无心经营，又将产品商标"AQUARIUS"牌转让给其他小汽水厂使用，以直接获得利益。1945 年 8 月抗战胜利后，该厂又重新回到英商手中。但因遭日寇掠夺和汪伪汉奸的破坏，该厂已是千疮百孔，难以维持生产。1949 年 5 月，上海解放后，正广和汽水厂和"AQUARIUS"牌产品商标被人民政府接管。"AQUARIUS"牌汽水得以恢复部分生产。

"星"牌商标的广告宣传

　　1925年5月30日，上海爆发了"五卅"惨案，国人反帝爱国运动热情空前高涨。"实业救国，挽回利权"的主张和呼声，一度非常流行。此时，我国知名制药专家许冠群结识了专门学习医学的同乡好友赵汝调。根据那时国内市场需求等实际情况，两人商议决定：开办一家药品制造厂。1926年5月，许、赵两人经过一段时间筹集资金，一次投资1000余元银洋，创建了上海新亚化学制药厂。

许冠群

国货名牌"星"牌药品商标的来龙去脉

　　在新亚制药厂初创之时，适逢初夏，江南地区这时经常疫病流行，而用于治病的"十滴水"，在各地市场上经常脱销。这样，赵汝调便向许先生提出能否先生产"十滴水"。许冠群当时经过市场调查，认为完全可行。这样，新亚制药厂最早是从生产"十滴水"开始的。但是，药水生产出来后，使用什么商标名称呢？

　　许冠群觉得既然自己的制药厂叫"新亚"，那么产品的商标名称，最好也能和"新亚"工厂名称有一定的联系。许先生和其他几位同事协商后，一致决定使用和工厂名"新亚"在音、形、义上有较大内在联系的"星"牌，作为工厂产品的商标名称。

　　从当时该药厂使用的"星"牌药品商标图样可以看到：外面是一

20 世纪 30 年代，新亚制药厂使用的"星"牌
新亚钙剂药品包装铁盒

颗五角星，五角星内标有一个繁体汉字"亚"字。这是取该厂名称"新亚"两字的其中一个"亚"字；而在红色五角星图样内的白色繁体"亚"字中间，又自然而然地显现出一个红色的"十"字图样，这与医药、卫生、红十字医疗救护等行业内涵巧妙地联系在一起。"新亚"工厂名称和"星"牌商标名称两者之间，互有联系，相得益彰。

"星"牌药品及商标的不断成长

新亚制药厂在开办之初，其实规模很小。说是制药厂，实际只有几个人在工作。而该厂早年生产的"星"牌"十滴水"（又称"人寿水"），在使用上也有一定的季节性。如夏天一过，疫情趋缓后，"星"牌产品的销售数就会随之下降。许冠群根据市场需求，决定研制开发新产品。

在20年代的中国医药界，连注射液即最普通的灭菌注射用水，大都要依赖进口，国货产品极少。当时，国内市场上的洋货注射液，不仅价格昂贵，品种不全，还经常断供。为此，许冠群先生看准时机，决定生产国货"星"牌注射液。这样，一方面可扩大淡季时的生产，另一方面可为国家夺回利益和主动权。他们经过一段时间的试制，终于在1927年生产出和洋货质量相当的国货注射液。

由于当时的"星"牌注射液，是一种新产品，这使他们在产品推销方面遇到了很大的困难，甚至比研制和生产更为艰难。当时各大医院的医生，普遍对国货注射液的产品质量不太放心，对国货"星"牌商标更是知之甚少。无奈之下，许冠群在产品包装时，也动了很多脑筋。首先，他参考当时市场上各种注射液的外观包装样式，在自己的产品上，除了"星"牌商标外，其他文字说明全部使用英文。其次，许冠群经常去各个医院，上门低价出售，甚至拿出部分产品，免费让医生使用。经过一段时间的试用，医生们发现"星"牌灭菌注射液的质量，完全能和其他洋货媲美。这样，"星"牌商标很快名声大振，站稳国内市场。到 1937 年 7 月抗战全面爆发前，新亚制药厂已发展成为一个拥有 1000 多名职工，具有一定规模的大型化学制药专业生产企业。

"星"牌药品商标的有效广告宣传

为了扩大"星"牌商标的社会影响力，开拓更大的市场，在 20 年代末，许先生便进行市场调研。他曾仿效欧美厂商的做法，在医药书刊、日报、马路、墙壁、路牌，以至于游乐场、电影院等处大做广告。他曾将当时上海租界内全部电台包下来，全天滚动广播"星"牌各类药品介绍。另外，他还花费大量资金，编辑出版了《星牌良药集》，且连续 18 年不间断地宣传"星"牌商标，详细介绍工厂生产的"星"牌新药的成分、性状、适应证、使用方法等资料。这在当时国内制药厂中是极为少见的。

1932 年，许先生开始编辑月刊《新医药刊》，内容包括言论、专著、医学知识、临床实验等，其中关于"星"牌药品的临床实验报告，最受医生欢迎和医学界的注目。之后，许先生又编辑《国药新声》和《健康家庭》等月刊，大力宣传民众健康知识和"星"牌药品的最新信息。他还推出英文版宣传手册《现代医疗学》，一次印发5000本，并在其中穿插介绍宣传"星"牌药品商标。其间，他派专人经常到全国主要城市的大小医院访问，宣传"星"牌药品商标，赠送各种"星"牌药品，供临床试用。另外，他还有意聘请外国洋行职员，请他们向境外宣传"星"牌药品等。许先生还在上海新闸路开设"新亚诊疗所"，高价聘请国内知名医师，为附近居民门诊，免费赠送一定数量的"星"牌药品。之后，许先生又在外地陆续成立9家诊疗所，为沦陷区民众宣传卫生常识做了大量有益工作，同时也为宣传"星"牌药品起到了一定的作用。

"象"牌水泥在竞争中成长

　　水泥产品是我国著名企业家刘鸿生于 20 世纪 20 年代所经营的重要项目。由他主持创建的华商上海水泥有限公司（简称上海水泥公司），在我国近代水泥行业中是一个规模较大的知名企业。

20 世纪 90 年代，位于上海市徐汇区的上海水泥厂厂区大门

上海水泥公司和"象"牌水泥商标创立者
刘鸿生

"象"牌水泥商标诞生的来龙去脉

　　20 世纪 10 年代末，我国各地对外贸易快速发展，各行各业都在
大兴土木。各种新式住宅、商务楼如雨后春笋，蓬勃发展。这对于水
泥的需求和销售，带来很大的商机。当时，就一个幅员辽阔的中国来
说，只有 4 家国资、2 家外资水泥生产企业，确实是远远不够的。而
水泥这一紧俏产品，在国内建材市场上经常面临供不应求的状况。面
对水泥市场紧缺的局面，刘鸿生的好友李翼敬经常在他面前谈论：如
经营水泥能获得相当可观的利润。当时，刘鸿生经过仔细研究认为：
如果开办水泥厂，可利用自己原先从事煤炭运输的部分设备、码头
等，真正开办水泥厂，并不困难。1920 年 8 月，刘鸿生邀请沪上知名
人士进行投资，并发起成立上海水泥公司董事会。1921 年 1 月，他根

据公司董事提议，决定使用以五彩大象作为今后公司产品商标图样。对于使用"象"牌商标名称，刘鸿生认为有三层含义：第一，当时同行业中已有"马"牌、"龙"牌、"狮球"牌等以动物命名的商标，他自己也用动物名称作商标，今后大家可相互竞争，相互提高；第二，大象是大型动物，它在人们的心目中是一种善良的形象；第三，"象"与"祥"是谐音，有一种吉祥之意，寓意将来有美好的发展。

国货"象"牌与日货"龙"牌的市场竞争

1923 年 8 月 7 日，上海水泥公司的水泥产品正式点火生产。"象"牌水泥一经上市，就与日货"龙"牌水泥形成竞争格局。日货"龙"牌水泥牌子老，产品在市场上信誉高。国货"象"牌水泥在与日货

20 世纪 20 年代，上海水泥公司使用的"象"牌水泥商标图样，对外发布的"象"牌水泥户外广告

"龙"牌水泥的争斗中，处于不利地位。为了打开产品销路，刘鸿生经常采用降价手段，来与日商周旋。但上海水泥公司的收入并没有想象中那样令人乐观。面对不利情况，刘鸿生决定走联合之路。他与唐山启新公司的"马"牌水泥，进行合作销售，并以国货"象"牌、"马"牌与日货"龙"牌商标进行竞争。另外，国内各地民众正在掀起"抵制洋货，使用国货"的爱国运动，对为国货水泥商标最终战胜日货"龙"牌商标，提供了良好的社会环境。

自1927年8月起，刘鸿生坚定不移走联合之路，抵制日货水泥在我国市场的倾销，这样使原先畅销无阻的各类洋货水泥，销售情况大不如前。而日货"龙"牌水泥的销售前景也不太乐观。到30年代初，"象"牌等国货水泥已占全国水泥总产量的85%。日货"龙"牌水泥在我国市场的销售锐减。"象"牌水泥成为全国水泥行业的第一名牌，刘鸿生则当之无愧地成为我国的"水泥大王"。

知名"象"牌水泥商标被日商假冒

自从九一八事变爆发后，刘鸿生经营的上海水泥公司与国内其他国货水泥公司一起，奋起反对日本帝国主义的野蛮军事入侵。他当时联合国内其他水泥厂，共同抵制日货水泥在我国的销售。1937年8月13日，日军侵略上海，刘鸿生创办的上海水泥公司，正好位于日军的进攻目标范围内。由于日军不断对上海龙华地区进行轰炸，公司便在无奈之下，全面停产。1938年3月，上海水泥公司被日军侵占。后由日商托管企业。同年 7 月，日商非法利用上海水泥公司的原料、燃料和生产设备，由日货经营。当时无耻日商为了推销产品，竟然假冒"象"牌水泥商标及印有"国货水泥"字样的外包装袋，以此欺骗国内消费者。同年 9 月间，他发现日本奸商以劣质水泥，冒用"象"牌水泥商标，并将其卖给上海潘荣记营造厂来承造工程项目。刘鸿生为了维护自己用了近 20 年时间创立出来的优质名牌，不被日商冒用，他在中外各大报纸刊登消息，及时反映日商冒用"象"牌商标的事实真相。日商在停用一段时间后不久，又继续公开非法使用"象"牌商标。当时，刘鸿生一边在市场上注意收集日商假冒"象"牌商标的证据。一边向上海特区地方法院起诉日本奸商。至 1939 年上半年，经过先后两次判决，日商分别被罚法币 100 至 400 元不等。对此判决结果，上海各大有影响力的报纸，纷纷刊登日商假冒我国水泥行业中"象"牌知名商标的长篇报道并加以评论。之后，日商在强大的舆论之下，虽还是强占华商公司的厂房、设备、原料等，但只好将他们使用的水泥商标，改用"黑龙"牌。

爱国情怀

抗战时"亚浦耳"拒与日商"合作"

　　这里所说的"亚浦耳"牌（即现在的名牌产品"亚字"牌灯泡商标的前身），是由我国现代著名实业家、电光源专家，我国灯泡行业的泰斗——胡西园创立的灯泡商标。胡西园曾创造出很多个国内"第一"，如创办我国第一家专业灯泡厂——中国亚浦耳电器厂，制造出中国第一只国货灯泡，研制出中国第一支日光灯管，创立中国第一件灯泡产品商标"亚浦耳"牌，等等。

　　胡西园在早期灯泡生产经营中，创造出很多不平凡的业绩。如20世纪20年代与各国洋商的商战中，他不仅未被拥有雄厚经济实力的

胡西园

外商所挤垮，还多次联合国内灯泡生产企业与美、日等外商展开激烈的市场竞争。特别是在抗战时期，胡西园与日商在国内灯泡行业的市场争斗，几乎达到白热化的程度。

"亚浦耳"牌商标拒绝与日商"合作"

20 世纪 20 年代末，"亚浦耳"牌灯泡价廉物美，深受广大消费者的青睐。"亚浦耳"产品商标的名声，在国内外灯泡市场上也逐步传开，要求与胡西园合作经营的外商也逐渐多了起来。日本灯泡厂就想利用"亚浦耳"牌商标的社会影响力，以推销自己的产品。当时有个名叫长冈的日本商人，来上海找到胡西园提出要与他一起投资，创办中日合资企业，共同使用"亚浦耳"牌商标。长冈曾用重金贿赂胡西园，并声称可助他将"亚浦耳"牌灯泡打入日本市场。但胡西园在对日本灯泡市场调查后发现，日本轻工、纺织、电器等市场，排外气氛很浓，外国工业产品很难进入日本市场。长冈说"亚浦耳"牌灯泡能打入日本市场，是在有意撒谎。长冈在引诱未获成功后，就马上决定组织一些有实力的日商，先后在上海开设 3 家灯泡厂，与胡西园一手创办的中国亚浦耳电器厂展开激烈的市场竞争，其目的就是要一举吞并亚浦耳电器厂。当时，长冈自认为凭借日商强大的经济实力，能挤垮亚浦耳电器厂，但胡西园决定联合国内其他国货灯泡生产厂，组成企业集团与日商抗衡。最终，长冈妄想利用与胡西园"合作"的名义而挤垮"亚浦耳"牌商标的阴谋未能得逞。

"一生专注光，百年未改变。"八达岭长城灯光秀使用"亚"字牌灯泡

亚浦耳电器厂

在海外市场揭露日商的冒牌行为

　　30 年代初，日货产品包括冒牌"亚浦耳"牌日货灯泡，由于遭到我国民众的一致抵制，在我国市场上已出现大量滞销。有些日商不愿承受由此带来的经济损失，想方设法将大量日货劣质冒牌"亚浦耳"牌灯泡在东南亚各国市场销售，使当地用户一度真假难辨。日商冒牌"亚浦耳"牌灯泡的质量很差，让真正的国货"亚浦耳"牌灯泡的销售受到很大损失。日商假冒商标行为，不但侵害"亚浦耳"牌产品商标的利益，还公然侵犯中国的商标法律。面对此事，胡西园采取了多方面的应对措施，包括将"亚浦耳"牌商标在香港地区、东南亚国家登记注册，通过法律途径来保护自己。另外，胡西园还通过产品广告，将"亚浦耳"牌灯泡产品的显著外观特征告诉消费者，并将日商具体冒牌行为通过新闻媒体公布于众，予以揭露。胡西园经常邀请华侨团体回国考察，参观工厂的灯泡生产过程，使广大华侨参观团感到欣慰和满意。看到祖国有这样的名牌产品和新兴灯泡工业，华侨都感到自豪，也看清了日商无耻的冒牌行径。

　　针对日商假冒中国产品商标的非法行为，胡西园与国内各地同行业组成同业公会，宣传国货灯泡产品商标，推动形成使用国货产品的风气。这样国货产品商标在东南亚市场的根基越来越稳定，并最终使劣质日货灯泡产品在东南亚各国没有市场。

不与日商签订任何买卖合同

1931 年九一八事变后，日本加紧对我国进行侵略，国人爱国情绪空前高涨，抵制日货运动风起云涌。当时日军不但从军事上侵略我国，还在经济方面采用多种卑鄙伎俩，如收买中国一些奸商，从内部来破坏抵制日货运动。当时，胡西园的一个沈姓朋友向他介绍买办周某，推荐一批廉价灯泡生产原料，要转让给他。他当即表示，自己作为灯泡行业公会的领导，不但自己要抵制日货成品，还要抵制日货原料。凡是日货灯泡原料，不管怎么便宜也绝不能订购，因为这是原则问题。

当时，周某曾表示只要胡先生签订日货原料的合约，就能给予胡先生很大的经济利益。但胡先生当即怒气冲冲地对周某说："我是办国货工厂的人，不愿出卖良心，就是不愿出卖自己的国家。日本侵略中国，杀害我国同胞，是所有中国人的仇人，无论如何，我是绝不会采用日本原料，更不会与日本人作任何合作。"席间气氛一时极度紧张，介绍人沈某只得从中打圆场。而胡先生未等终席，便不辞而别。

"佛手"与中共领导共谋大业

　　如今，味精已成为千家万户餐桌上所必备的调味佳品。当味精使你的菜肴更加鲜美之时，作为掌勺人的你，是否想过这白白的粉末晶体，是由哪位调味专家最早研制、生产的？实际上我国的味精产品，最早是由上海天厨味精制造厂生产的。使用的味精商标名叫"佛手"牌，至今已有 90 多年的历史。

吴蕴初

早期"佛手"牌味精的诞生

天厨味精制造厂由我国著名实业家吴蕴初创办于 20 世纪 20 年代初。该厂生产的"佛手"牌味精，是 20 年代我国调味品市场上的名牌产品。

1920 年底，吴先生在家人和好友的大力资助下，经过一段时间的反复试验，终于获得了几十克与当时国内市场上流行的日货味之素相似的结晶体。这为他后来系统研制开发国产调味品味精，奠定了基础。之后，他又经过一年多时间的不懈努力，终于试制成功与我国市场上销售的日货味之素完全相同的国产调味品。

天厨味精广告

在国货调味品产品的生产、销售获得成功，并获得丰厚利润后不久，吴蕴初与友人张逸云商定：组建大型调味品制造厂，并选址在上海唐家湾附近的菜市路（今顺昌路），筹建调味品生产基地。后经过一段时间的厂房图纸设计和施工，至 1923 年 8 月初，工厂很快生产出比原来质量更好的产品。

1925 年 5 月，上海爆发"五卅"惨案，全国民众再次掀起了一场声势浩大的"抵制日货，使用国货"群众运动。国人由原来普遍使用日货"美女"牌味之素，而纷纷改用国货"佛手"牌味精。"佛手"牌商标名称，一时成为调味品的代名词。而"美女"牌味之素因长期无人问津，产品积压，而终于在 1927 年底悄悄退出中国市场。自从打败同行劲敌日货"美女"牌味之素后，国货"佛手"牌味精的生产，便进入了快车道的发展行列。至 1928 年初，天厨味精厂的味精年产量已高达 50000 多公斤。1937 年 7 月抗战全面爆发，"佛手"牌味精的生产与销售，遇到了前所未有的困难。因上海地区遭遇日军炮火的威胁，"佛手"牌味精被迫全面停产。

共谋"佛手"牌味精未来大业

1942 年，第四届国民参政会在重庆召开，吴蕴初应邀出席大会。会议期间，吴蕴初与中国共产党驻渝办事处领导进行了广泛的接触、沟通与交流。吴先生从中了解到解放区化学与食品工业的发展，并多次表示今后要将"佛手"牌味精的生产技术，毫无保留传授给边区人民。

1948 年，因国内经济发展不景气，吴蕴初便前往欧美等国，为"佛手"牌产品与商标寻找新的市场和合作伙伴。1949 年 5 月底上海解放，吴蕴初迅速给工厂打来长途电话，急切了解生产情况。当他得知上海三个工厂生产、销售一切正常时，感到庆幸。同年 10 月，吴蕴初在接到钱昌照转达的中央领导人请他回国发展的口信后，欣然点头。

1949 年 12 月 5 日，中央人民政府任命吴蕴初为华东军政委员会委员。次年 4 月，他又被推选为上海市政协常委，紧接着又出任了上海市人民政府委员。

1950 年 10 月 1 日，新中国成立一周年庆典时，吴蕴初应邀来到北京，并受到周恩来总理的接见。

印制"中华"牌书刊支援抗日

说起北京最繁华的商业大街——王府井，真可谓无人不知。在这条街上的众多各行业知名老字号中，有一家专门从事图书出版发行的著名企业，它就是中国出版界赫赫有名的中华书局。中华书局虽曾坐落于王府井大街，但它并不是土生土长在北京城。如要追溯它的诞生地，是在上海。而该书局的创办者，也不是北京人，他出生在江南的浙江桐乡。那这位中华书局的创始人是谁呢？

人们在谈到中国现代出版发展史时，都不约而同地谈到一个人——陆费逵。陆费逵是我国近代著名的出版家、教育家，我国近代知名的大型图书出版企业——中华书局的创始人，为中国近代出版事业的发展做出了巨大贡献。

创办中华书局和"中华"牌书刊商标

中华书局创办于 1912 年 1 月 1 日。当时，陆费逵与陈寅、戴克敦、沈颐等在上海，投资 25000 元，创办中华书局，由陆费逵任局长。在中华书局经营之初，陆费逵就使用与企业名称一致的"中华"牌书刊商标，并编辑出版"中华教科书"，开民国教科书之先河。对

中华书局

于中华书局的创办宗旨，陆费逵认为是用"教科书革命"和"完全华商自办"两个口号与国内外同行进行竞争。

1916年上半年，陆费逵将中华书局经营资本总额增至160万元，并引进国外先进印刷设备，共数百台。书局有工程技术人员和职工1000余人，一度使中华书局发展成为我国第二大华商出版机构。1919年至1921年，陆费逵对中华书局印刷设备进行更新换代，印刷业务量不断增加。其间，陆费逵还扩大经营范围，创办《中华英文周报》，出版《实用大字典》，编印市场上很受欢迎的"新文化丛书"。1929年，陆费逵开展多种经营，在上海昆明路创办中华教育用具制造厂，生产各类"中华"牌教学用具。

到抗战前夕，全国共有中华书局各分局40余处，沪港两厂职工

20世纪30年代，中华书局使用的"中华"牌书刊商标图样

达 3000 余人，彩印业务成为全国第一，号称亚洲第一。书局资本额扩充至法币 400 万元，年营业额超过 1000 万元，为创办以来的全盛时期，是集编辑、印刷、出版、发行为一体的全能出版机构。

编印"中华"牌抗战书刊，支援解放区

1932 年 1 月 28 日，淞沪抗战爆发，陆费逵积极投身到这场抵制侵略的爱国运动之中。他自觉利用自己的生产设备，为国家及时编印了大量宣传抗日的书籍和资料。另外，他还将大量抗战书刊和文化用品送到解放区，支援根据地军民抗日救国运动。

为配合抗日救国爱国运动，陆费逵出版了大量的"中华"牌各类宣传抗日的书籍资料，如当时通过中华书局出版的《淞沪抗日战事始末》《一·二八淞沪抗日之役庙行镇战记》和《淞沪御日战史》。之后，他又组织出版了《中日的旧恨和新仇》《沦陷后的上海》等"中华"牌爱国进步书籍，向海内外侨胞和国际友人揭露日军侵华罪行，力倡维护民族尊严、主权独立和领土完整。

1933 年，陆费逵根据国内外形势发展需求，适时编辑出版了《新中华》杂志，集中宣传报道各类抗日救国动态和爱国运动消息。在杂志创刊号上，陆费逵发表《备战》一文，分析当时国内外形势，认为世界大战不可避免，中日两国全面战争一触即发。他大声疾呼：必须停办一切不急之务，集中全国财力物力，快快备战。他赞同中国共产党提出的"一致对外"的主张。对于战争的最后胜利，他充满信心。

另外，他还在第一卷第二期发表《东三省热河为我国领土考》一文，使用大量历史文献资料，来证明东北三省与热河均为我国固有的领土。陆费逵还编辑出版《提倡国货》《抗日救国》和《淞沪战事记略》等专刊，宣传抗日救国爱国运动。

各类"中华"牌书籍和学习用品进入解放区

1937 年 7 月，抗战全面爆发后，陆费逵利用上海中华教育用具制造厂现有生产机器、仪表等设备，投资创办保安实业公司，为政府制造了大量"中华"牌军用设备，如防毒面具、药品、药罐、桅灯、登陆艇等抗战急用军事物资，支援前线抗日将士。另外，他还为政府印制大量抗日宣传资料，分发民众。

1940 年，陆费逵在赴西南重庆出席国民政府参政会议时，应中国共产党驻重庆代表董必武之请，迅速联系在香港和上海等地的中华书局印刷厂，要求工厂职工快速将一大批有关宣传抗战、抵制日军侵略的"中华"牌进步图书，赠送延安中山图书馆，热情支持解放区文化教育事业。

"鼎"牌铅笔与吴羹梅

现在，铅笔是人们日常学习生活中不可缺少的主要书写工具。从铅笔的发展过程看，人们使用木杆石墨铅笔的历史，最早可追溯到16世纪的英国。早期，通过海关输入我国的洋货铅笔，是由德国生产的。当时，在我国文具市场销售的德国铅笔产品有"施德楼"牌、"鹅"牌、"三堡垒"牌和"老鸡"牌等。到了20世纪30年代初，国人在香港九龙将一家最初由英国人经营、面临倒闭的铅笔厂，改建为由中国人经营的大华铅笔制造厂。这是第一家由中国人开设的铅笔制

吴羹梅

造厂。之后，由现代著名实业家吴羹梅创立的我国第一家全能铅笔厂——中国国货标准铅笔厂宣告诞生。

满怀爱国愿望创立铅笔制造厂

据"中国铅笔工业之父"、我国现代名牌铅笔"鼎"牌商标的创始人——吴羹梅先生晚年回忆：早年自己最初决定从事铅笔研制、生产，既有自己初步掌握一些铅笔生产制造技术的有利条件，更主要的是自己满怀一种强烈的以"实业救国，挽回利权"的爱国愿望。为什么选择学习文具用品的制造技术？吴羹梅认为，要使国家强大，不再受外国人的欺凌，国人必须掌握先进的科学技术。而一个国家要发展成为世界强国，则必须首先振兴民族文化和教育事业。要发展文化教育，就须兴办文化用品制造企业。而我国当时仅文化用品中的铅笔这一项，每年就被德、美、日等国外商盘剥掉巨额利润，国家大量外汇白白外流。要早日开办文具用品厂的念头，就这样在吴羹梅脑海中深深地扎下了根。

1928年，吴羹梅去日本真崎大和铅笔株式会社及三菱铅笔株式会社实习。他一边认真地工作，一边刻苦学习铅笔制造技术，并细心记录下铅笔制造过程中的每一道工序，熟悉掌握铅笔制作所使用的原料成分，了解开办铅笔厂的各种知识。他还冲破日方的技术封锁，深入学习制造彩色铅芯、笔杆及油漆等具体关键技术。1933年11月，他婉拒了日本老师的挽留和邀请，结束长达5年的留学生涯，回到了上

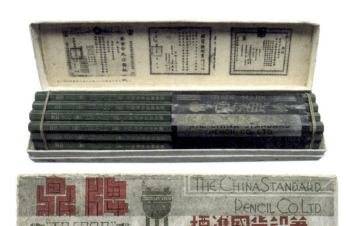

20 世纪 30 年代，中国标准国货铅笔厂生产的"鼎"牌铅笔及包装纸盒

海。在日本留学、实习期间，有一位同班同学台湾人郭子春，毕业后曾在日本一家铅笔厂藤田铅笔厂实习，初步学到了一些制造普通铅笔的技术。吴先生便邀请郭子春与他一同回国，创办实业。1935 年 10 月，我国第一家全能铅笔厂由吴羹梅与好友终于创办成功。

"鼎"牌铅笔支援重庆抗战

抗战期间，因交通等多方面影响，吴羹梅在将工厂迁往重庆后不久，还在当地创办了多家企业，包括油漆厂、化工厂和锯木厂等。另外，他在湖北汉口创办了协昌贸易公司，生产抗战时期急需的有关产品，包括"鼎"牌铅笔等，支援前线抗战将士。他还参加了工商企业组织的社团活动，并积极投身各种有进步人士参与的社会公益事业。如 1938 年 4 月 17 日，重庆成立了迁川工厂联合会，他积极参加联合会，并担任常务理事。其间，他与 30 多家迁川工厂开展了厂际合作活动，为国家分担战时困难。1944 年 10 月，为了显示西南重庆大后方民族工业的生产情况，鼓舞广大民众坚持抗战，吴先生参与策划并联合组织厂商大型产品展览会，一时成为山城重庆的一大盛事，同时名牌"鼎"牌铅笔也非常受当地民众的欢迎。还有当时迁川工厂联合会和中国工业协会等 7 个团体，联合在重庆创办新兵服务社，为改善新兵衣食住行、疾病医疗等，提供必要和积极的服务，包括提供"鼎"牌铅笔等大量文具产品。

1945 年底抗战结束后，吴羹梅回到上海，主持恢复工厂生产的准备工作。1946 年上半年，"鼎"牌铅笔全面恢复生产，为上海的内迁工厂，首批从重庆返回上海恢复生产的企业之一。1948 年底，吴羹梅由上海赴北京，参加全国政协会议的筹备工作。

"绿宝"金笔率先公私合营

绿宝金笔制造厂20世纪40年代由一位国内工商界知名度很高的女性——汤蒂因女士创办。该厂生产的"绿宝"牌金笔，在50年代国内文具市场上，具有很高的知名度。

创办之初委托别人定牌代为加工

早年，汤蒂因从事文具包括金笔的销售工作。由于20世纪30年代末我国正处于抗战时期，交通时常受阻，金笔等文具进货渠道不

汤蒂因

畅。从事金笔等文具进货，还要看制笔厂老板的脸色，且经常要求助于别人。当时汤蒂因在想，自己是否也能开办一家金笔制造厂。而开设金笔生产厂，首先要有厂房、生产设备、产品原料等。她经过合计，这确实要投入一笔巨款。在初创时期，开厂不但资金投入大，市场风险也高。而她一时间也根本无法筹集到那么多资金。没有前期巨资的投入，难道就不能生产吗？她经过仔细研究，决定先采用"借鸡生蛋"的办法，即与其自己生产金笔，还不如找一家金笔制造厂代为生产，即委托别人定牌代为加工。

经过几个月与上海多家金笔制造厂商谈，到了 1944 年春节期间，汤蒂因最终与上海吉士自来水笔厂洽谈成功，由该厂代为定牌生产金笔。当时，她除了严格要求并监督产品质量外，还要求生产厂家在每一支金笔笔夹上，嵌入"绿宝"英文字母"green spot"和商标图样。而生产的全部产品，由她全权负责市场销售。

20 世纪 40 年代，绿宝金笔厂使用的"绿宝"牌自来水笔商标图样

经过汤蒂因一番努力，"绿宝"牌金笔一支支销售出去了，获利不少。1945 年 8 月抗战胜利后，国内金笔市场的销售形势逐渐好转。当时，年仅 29 岁的汤蒂因审时度势，决定自己创办金笔制造厂，并决定正式使用"绿宝"两字，作为自己的工厂和商标名称。

根据不同消费者设计使用不同产品和商标

1946 年初，汤蒂因独资经营的绿宝金笔制造厂所生产的各种金笔，出现了难得的销售高峰。除了有在市场上已具有一定声誉的"绿宝"商标外，该厂适时研制开发了许多新产品。如"女皇"牌产品，其主要销售对象是社会上的高级知识女性。此类产品选料考究，如采用上等高级花色赛璐珞做笔杆。这种产品无论在自然光下，还是在各种不同灯光下，均能显得深邃剔透，给人以一种高贵典雅的气质。"女皇"牌产品在外形设计上，笔杆中间稍显纤细一些，犹如女性优美的身材一样；整个造型呈一种流线型。这样使整支笔流淌着一种诱人的情调。如"长寿"牌产品，主要销售给一般老年人。此类金笔笔杆较粗，便于老年人握笔。而材料则取一般深色赛璐珞做笔杆，价格较为便宜。这种深色金笔专门为老年人设计。当时，在市场上一经推出，马上受到广大老年人尤其是老年知识分子的青睐。当时汤蒂因还专门设计了一种款式、颜色、内部结构等完全相同，只是外形尺寸略有大小的一对金笔。它们放在一个精致的礼品盒内，相互匹配。汤蒂因将这一大一小两支金笔取名"鸳鸯"金笔，并同时使用"鸳鸯"作为商标名称。这种"鸳鸯"金笔售价虽高，但可作为一种高级礼品送人，美观大方，一经上市，同样受到人们的喜爱。另外，市场上还出现一种称为"小朋友"牌的金笔，也是汤蒂因主持设计的。这种在传统金笔的生产基础上，适当减少笔杆用料，但增加笔尖的耐磨性，轻便耐用；在外观颜色上，增加红、黄、绿，或红、黄、蓝等明快的色彩。当时，这种"小朋友"牌金笔，确实在广大中、小学生中十分流行。

绿宝金笔厂与"绿宝"牌商标率先公私合营

　　1949 年 5 月上海解放后，长期在夹缝中求生存的绿宝金笔厂与"绿宝"商标，在人民政府的关心和扶持下，获得了较大发展。当时由于"绿宝"牌金笔价廉物美，产品全部由国家包销。而"绿宝"牌商标，也一举跻身于国内名牌之列。另外，绿宝金笔厂为了响应国家号召，是继关勒铭金笔厂之后，第二家主动接受国有经济领导的。为此，这年她还被政府邀请出席全国工商联筹备代表大会。1953 年 10 月，为了发展"绿宝"牌金笔生产，经政府批准，绿宝金笔厂与国营兴业投资公司合营，从而成为北京第一家公私合营的工厂。后来，上海绿宝金笔制造厂又与北京金笔制造厂合并，成为公私合营北京绿宝金笔厂。这样，"绿宝"牌商标，在北方地区又获得了一个难得的发展机会。

　　1954 年春，绿宝金笔厂被政府正式批准为公私合营。汤蒂因也由国家任命为私方经理，全权负责厂里所有事务。不久，绿宝金笔厂又与华孚金笔厂合并。当时，绿宝厂与华孚厂相比，只能算是小户，但政府鉴于汤蒂因在"绿宝"金笔及公私合营中所做出的巨大贡献，郑重任命她为这个在国内有一定影响的大厂私方经理。同年她还光荣地被推选为第一届全国人民代表大会的代表，与中央领导同坐一堂。1955年，她一举出任我国最大的制笔公司——上海制笔工业公司的私方副总经理。

汤蒂因为我国制笔工业生产奉献了毕生精力，被人们一致赞誉为"金笔女王"。每当人们谈起这段中国制笔工业发展历史时，都要不可避免地谈到"绿宝"商标，谈到她为中国制笔行业所做出的杰出贡献，谈到她早年艰苦创业、不屈不挠的高尚品质和永不服输的可贵精神。

"上海"牌手表的荣耀

新中国成立之初，我国手表工业还是一片空白。就是到 20 世纪六七十年代，城市青年在置办结婚礼物时，还是把"三转一响"（"三转"是指手表、自行车和缝纫机，"一响"是指收音机）视作必不可少的家庭物品。当时，人们购买"三转一响"，不仅需要花费一笔不小的资金，还要凭购买券。有的企业一年往往也只能分配到一张购买券。而在"三转一响"中，又以"上海"牌手表最受大家的欢迎与钟爱。

国货"上海"牌手表的艰难问世

1949 年 10 月，新中国成立后，在政府"自力更生、奋发图强"伟大精神与时代号召的激励下，上海轻工业系统的工人们怀着为国争光的火热之心，创造出了一个又一个辉煌成就，完完全全走在了祖国的最前面。而当时"上海"牌手表的研制成功并批量生产，更体现出上海工人的志气与荣耀。

1955 年上半年，上海轻工业局根据上级指示，组织上海钟表行业一批有实际经验的制钟技术人员和修表老师傅，开始手表产品的试制工作。他们在一无技术资料，二无生产设备，三无原材料的艰苦条件下，经过近 2 个月的日夜奋战，终于在同年 9 月，试制成功我国第一批共 18 只"细马"手表。

1957 年，上海手表厂开始筹建，并同时邀请了 3 位民主德国专家，在他们的配合下，又从国外引进一批关键的生产设备。通过 8 批样品的试制，进一步完善了产品结构、技术工艺和生产流程，为国产手表的批量生产打下了扎实的基础。1958 年初，上海手表厂正式建厂，并生产出第一批"上海"牌 A581 型手表。这也改写了中国人只能修表、不能造表的历史。如今"上海"牌 A581 型手表，已被手表收藏界视为掌上明珠。而当时的"上海"牌手表产品质量，也接近瑞士"selca"牌手表水平，即可连续走时 36 个小时以上，日差小于 1 分钟。

中央领导爱戴国货"上海"牌手表

"上海"牌 A581 型手表投放市场后不久，首批 200 多块上市的手表，便供不应求。1961 年，国务院周恩来总理在准备去苏联参加苏共二十二大时，得知我国国产"上海"牌手表已大量投放市场这一消息后非常高兴。周恩来总理随即让卫士长成元功花了 90 元，为他也买了一块新出厂的"上海"牌手表。从此以后，这块"上海"牌手表就一直戴在周总理的手腕上。直到 1972 年，这块手表的荧光夜间无法发光了，每天夜间工作不太方便，他才趁着陪同美国总统尼克松来上

上海手表厂对外发布的"上海"牌手表产品广告

海参观访问时，委托上海市委的同志，帮助他把这块使用多年的旧手表，拿到上海手表厂去维修。1976 年 1 月 8 日，周总理逝世。遗体火化之前，人们才从他手上取下这块非常珍贵的"上海"牌手表。这块"上海"牌手表，现在陈列在中国国家博物馆内。

"上海"牌陀飞轮手表亮相国际市场

进入 21 世纪后，国内外手表制造行业出现了前所未有的市场激烈局面。而上海手表厂也同样面临着巨大的市场考验。工厂领导感到，如果没有敢于创新、研制新产品的勇气，完全就有可能被市场无情淘汰。为此，该企业从 2001 年至 2005 年间，开始研制并试制成功代表机械手表制造工艺最高水平的陀飞轮机芯。而陀飞轮手表把钟表的计时精确度和动感美发挥到登峰造极的惊人地步。所以，国内外钟表业内人士一致赞誉陀飞轮手表是"表中之王"。当时，上海手表厂工程技术人员非常清楚，如果制造不出陀飞轮手表，根本无法挑战全球钟表王国瑞士，同样也在世界钟表界没有任何发言权和定价权。2005年，在"上海"牌手表诞生50周年之际，上海手表厂向市场隆重推出限量版50只"上海"牌陀飞轮手表，每只高达10万元。一在市场出现，便被一抢而光。

在这期间，"上海"牌陀飞轮手表应邀亮相瑞士巴塞尔国际钟表展时，瑞士手表商在惊叹之余，对于中国钟表制造工业发展的创新能力，感到压力巨大。当地新闻媒体甚至认为，中国的钟表制造业赶超瑞士名表，只是时间问题。而参展的外国手表商对"上海"牌陀飞轮表报价"1万美元一块"，连称"不贵"，感到的确是货真价实。而在我国国内"上海"牌陀飞轮手表的价值，还没有得到充分的认识，其产品售价也只有瑞士名表的十分之一。

从第一代"上海"牌手表问世，至1958年底，该厂共生产手表13600块。至1968年，"上海"牌手表突破100万块。1972年，"上海"牌手表走时日误差提高到30秒，达到轻工业部颁布的一级表标准。1988年，"上海"牌手表产量突破620万块，并荣获国家优质产品银质奖。

开拓创新

"金鸡"从包装到商标的演变
"414"与"试一试"的广告宣传
由"美女"到"光明"的更替
创新与需求相连的"金钱"牌
"中华"商标名称的有趣来历
"金叶"牌茶叶：上海名贵特产
新产品不断的"龙虎"牌
别致的"双妹"名称与图样

"金鸡"从包装到商标的演变

"金鸡"牌饼干，由泰康罐头食品公司生产。20世纪20年代之前，泰康罐头杂物号（泰康罐头食品公司的前身）以经营本地区的南北货、罐头食品等为主，时常也从上海等地批发大量听装饼干、糖果等，在济南地区销售，获利不少，营业额一度为济南全城之冠。1921年，该店经理乐汝成为了扩大食品经营规模，雄心勃勃，南下上海，在沪南制造局路开设食品加工厂。他们将山东生产的水果和土特产，包括莱阳生梨、烟台苹果等，大量运来上海，制造水果罐头食品。这样，便可获得更大的利润。1927年，乐汝成等企业领导决定将原店名改为"上海济南泰康罐头食品股份有限公司"，并在中华商业第一街——上海最繁华的南京路虹庙附近，设立产品发行所，谋求更大的发展。之后，泰康罐头食品公司又做出重大决定：将公司总部从济南南迁至上海。

最先使用"福"字牌食品商标

由于泰康罐头食品公司经营有方，同行均羡慕他们生财有道，以为有福之人。而泰康食品公司为图吉利，便决定取"福"字作为产品

坐落在南京东路上的泰康食品公司

商标。该公司在请美术设计人员进行"福"字商标图样构图设计时，公司领导要求将"福"字用红色书写，并放在整个商标图样的中间，四周配上麦穗，最外面再画上一对蝙蝠，象征泰康食品公司从里到外都有"福"。另外，早期泰康罐头食品公司除了登记注册有"福"字牌产品商标外，还注册使用"三角"牌等食品商标。

20世纪二三十年代，泰康食品公司为了扩大"福"字牌产品销路，经常参加国内外各种产品展览会、展销会和博览会等，并先后获得过很多奖项。泰康食品公司在参加国内外各种产品展览活动中，曾先后荣获"首都国货流动展览会最优奖""浙江省政府特等奖""国货运动大会特等奖""美国费城博览会特等奖""江苏物品展览会特等奖""夏秋用品国货展览会优等奖"等等。

30年代初，泰康食品公司的生产日益饱和，特别是饼干等产品。按照当时饼干的销售状况，公司所有生产设备全部开足马力，都无法满足市场需求。为此，泰康食品公司于1933年，在上海市区南面的小木桥路购进土地18亩，建造新的厂房，并向英国培克公司购进最新款的饼干生产设备。这在我国近代食品加工史上，也是最早引进国外先进饼干生产设备的。这样，泰康食品公司的饼干从此闻名遐迩，并完全可以和英国本土产品媲美。另外，还一举超过美商上海沙利文饼干食品公司生产的饼干质量。当时，泰康食品公司生产的饼干，再加上他们原先生产的罐头食品，由此便形成了公司两项"拳头产品"。

"金鸡"图样出现在产品外包装画面中

从 30 年代开始，泰康食品公司又对生产品种进行适当调整，即以生产饼干为主，水果罐头等为其次。当时，该公司生产的"福"字牌饼干品种已有夹心奶油、柠檬、草莓等。而在饼干箱、饼干听外包装上，公司设计人员也动足脑筋。如只注明生产企业名称、产品名称和"福"字牌商标太单调，不能引起买家足够的关注度。这样，到了 1933 年（当年农历正逢鸡年），为了吸引更多的顾客，泰康公司又请美术设计人员在饼干箱侧面设计了一只非常醒目的金黄色大公鸡。将金鸡图样印在一只只大大小小的饼干箱侧面，消费者不仅能看到"福"字牌产品商标，更能看到一只惹人喜爱的、占整个画面约有五分之四的大金鸡的雄姿。另外，在大金鸡的上下还用美术字书写了非常醒目的"泰康公司""金鸡饼干"八个大字。这样一种产品包装设计，看似不协

20 世纪 40 年代，泰康公司使用的"福"字牌金鸡饼干包装铁盒

调，却极大地突出了金鸡图样的地位。虽然，"福"字牌商标位置并没有很突出，但公司领导觉得从产品整体图样设计来看，还是较为满意。

"金鸡"由产品包装正式演变成产品商标

泰康食品公司生产的"福"字牌饼干，由于品质精良，深受广大消费者的欢迎。但在经过长达20年的使用、产品广告宣传之后，到了50年代初，泰康食品公司经过常年市场调查和顾客对产品要求情况反映，消费者在认牌购物时，一般指着"福"字饼干的外包装，直呼其名为"金鸡饼干"，而极少有人叫"福"字饼干的。这好像已成为消费者一种不可改变的习惯。人们只要看到威武的大金鸡昂首挺立，马上就会自然而然地想到泰康食品公司的苏打饼干、夹心饼干等传统名牌产品。当然，这种连锁反应主要是当年乐汝成和泰康罐头食品公司长期不断宣传的结果。所以，"金鸡"在人们脑海中的影响可以说是根深蒂固了。久而久之，"福字"牌商标逐步被消费者所淡忘，而"金鸡饼干"却影响越来越大。实际上人们已把"金鸡"作为饼干的商标来认购。面对这种喧宾夺主的实际情况，泰康食品公司决定取消已使用了20多年的"福"字商标，以这只威风凛凛的"金鸡"作为产品商标，并向当时的分管商标登记注册的中央工商行政管理局商标注册处申请注册。总之，不管是早期泰康罐头食品公司使用的"福"字牌罐头食品商标，还有后来该公司使用的"金鸡"牌饼干商标，都是我国食品行业中数一数二的名牌。

"414"与"试一试"的广告宣传

"414"牌毛巾商标，是国内外享有盛誉的名牌产品。而生产"414"牌毛巾的中国萃众制造股份有限公司，是我国现代著名的毛巾生产企业。该公司由我国知名实业家，中国国货公司、中国钟厂等企业创办者李康年创建。

20世纪30年代初，我国第一家毛巾厂——三友实业社在上海"淞沪抗战"期间，被日军炮火炸毁后，上海等地各大百货商店柜台的高档优质国货毛巾，曾一度出现脱销的局面。当时，实业家李康年感到，三友实业社要在短时间内完全恢复"三角"牌毛巾的生产是很难的，最少也要两三年的时间筹备，才能复工生产，还需要投入大量的资金，否则无法达到原先的生产规模。而当时国内市场上，各地对高档毛巾产品的需求量，却是与日俱增。

"414"毛巾货号的问世

为了补缺市场需求，李康年决定利用自己的一部分资金，在购置了一批毛巾生产设备后，创办一家毛巾生产企业，即中国萃众制造股份有限公司。"萃众"两字含有"拔萃超众"之意。后来，在经过一

繁华南京路

段时间的紧张筹备后，一个完整像样的毛巾生产厂便在上海诞生。工
厂位于沪西胶州路 273 弄 110 号。在第一批毛巾生产出来后，产品商
标以企业名称"萃众"两字，巧妙地组成一口大钟图形，即直接取名
为"钟"牌。当时，李先生要求全体员工，千万不要忘记日军入侵之
国难，要大家时刻警钟长鸣。当时，为了防止"钟"牌毛巾商标以后
被其他同行非法假冒，该厂还将"钟"牌商标，向国民政府经济部商
标局申请商标注册。

　　尽管早期"钟"牌毛巾产品质量不错，但社会知名度不高。当
时，李康年便利用自己在上海南京路繁华地段开设的中国国货公司和
其他各大百货公司帮助推销。但因"钟"牌毛巾商标是新创立的品

牌，很多大百货公司都不肯进货。广大消费者对新"钟"牌毛巾质量
不甚了解。如百货公司进货后，唯恐造成商品积压。无奈之下，该厂
决定采用寄售方法，并结合广告宣传"钟"牌毛巾商标。在具体推
销过程中，凡愿意代销的商店，都可卖出后付款。另外，工厂还给
各销售点规定：凡大宗要货者，赠毛巾若干条，并嘱咐请消费者"试
一试"。当时，国内其他毛巾厂生产的毛巾，一般只有毛巾印花图案、
颜色和款式等以示区别，在毛巾上不再标注毛巾的货号。唯有萃众制
造公司的"钟"牌毛巾，不但有图案、颜色，还有货号标明，以示与
其他毛巾生产厂家的不同。当时，萃众制造公司的毛巾货号有"414"
号、"101"号等。

"414"与"试一试"的产品广告宣传

消费者经长期使用"钟"牌毛巾，特别是"414"货号毛巾后，
他们发现无论产品质量、颜色等均不错。他们再联想到购货时，营业
员反复说的赠言："请试一试""试一试""试一试"。这样，天长日久，
赠言"试一试"和"钟"牌毛巾货号的"414"，成了当时"钟"牌毛
巾商标的代名词，也成了萃众制造公司优质毛巾的代名词。

另外，由于数字"414"和上海话"试一试"谐音，也有很多消
费者认为是工厂故意起的一个商标名称为"414"牌，目的是让大家
都来"试一试"。这实际上是一种误会，当时，工厂并没有将自己生
产的毛巾取名为"414"牌，"414"完全是毛巾产品的一种货号。

20 世纪 40 年代的萃众毛巾广告

"414"牌毛巾商标被同行非法假冒最多

1941 年，该厂在"钟"牌毛巾广告语宣传中，就极为慎重地注明八个字"文质华贵，拔萃超群"。据说连本来拟定的"美观大方"等赞美词语，也被李康年毫不留情地删除了。因为他说，消费者的审美观念不同，"美观大方"的尺度很难掌握，不易衡量。以后"414"货号毛巾成为名牌商标，这完全得益于该厂长期重视产品质量，竭尽全力，为产品建树的声誉。商标名声的好坏，是一个企业能否长期生存下去的关键。为了使来之不易的"414"盛誉不被其他同行冒牌侵权，到了1947 年，该厂便向国民政府经济部商标局申请注册。获准注册后，"414"牌商标受到了国家商标法律的保护。

新中国成立后，萃众制造公司又向当时负责商标注册的中央私营企业局商标注册处申请了"414"牌商标注册。"414"牌毛巾后来一直是全国毛巾商标的名牌，多次荣获纺织工业部和上海市名牌产品证书。同时"414"牌毛巾商标，也是被其他同行厂商非法假冒最多的品牌之一。在一段时间内，全国曾有50多家厂商，非法假冒"414"牌商标。由此可见，"414"牌商标的社会影响力之巨大。

由"美女"到"光明"的更替

"光明"牌食品商标诞生于 1950 年 5 月。它是由当时的华东工业部益民工业公司呈请国家商标行政机关进行注册的。"光明"牌食品商标，早期使用于糖果、饼干、汽水、冷饮和乳制品等多个食品行业中。之后，主要由国营上海益民工业公司食品第一厂（即后来的益民食品一厂）组织生产"光明"牌糖果、饼干和冷饮等食品。而益民工业公司食品第一厂的早期生产厂房和生产设备等，是由美商海宁洋行筹建和置备的。

与"光明"有密切关系的"美女"牌

在了解"光明"牌食品商标时，有必要了解一下与"光明"牌食品商标有着密切关系的"美女"牌冷饮等食品商标的来龙去脉。

"美女"牌食品商标由海宁洋行使用。而海宁洋行则由美国近代食品加工业巨擘海宁生（Henning Sen）于 1924 年在上海创办。该洋行生产的"美女"牌（Hazelwood）棒冰、雪糕、紫雪糕、冰砖和冰结涟（冰淇淋）等各种冷饮产品，在 20 世纪 20 年代至 50 年代初，一直是上海等地区冷饮市场上的传统名牌产品。

　　30 年代中期，人们只要一进入上海各大闹市中心的食品商店，马上就能看到巨幅"美女"牌冷饮广告。在抗战前的某年夏天，美商海宁洋行为了扩大"美女"牌冷饮在我国最大的城市——上海的社会影响力，从美国本土一次运进了 500 台现代化功能齐全的大型电冰箱，并在这些冰箱外面刷上非常醒目的"美女"牌冷饮的广告宣传画。一时间，这也成为上海地区市场上的一道尴尬、无奈的"风景线"。

　　1947 年，海宁洋行将一部分生产设备出售给国民政府联合勤务总司令部，成为其下属上海粮服实验厂第五工场。上海解放后，美商海宁洋行由中国人民解放军上海市军事管制委员会负责接管，改名为新华蛋品厂。1950 年初，该厂开始恢复冷饮、糖果和巧克力的生产。同年 2 月 27 日，新华蛋品厂改名为华东工业部益民工业公司食品第一厂。1953 年 6 月，又改名为国营上海益民食品一厂。而由美商海宁洋行生产的各种"美女"牌冷饮产品，也被之后优质的"光明"牌冷饮所取代，我国冷饮市场由美商垄断几十年的被动局面也被打破。这样，在以后的上海等地市场上，人们就不再看到"美女"牌棒冰、雪糕等冷饮了。

20 世纪 30 年代，海宁洋行使用的"美女"牌紫雪糕包装纸盒

新"光明"牌商标上街宣传

1949 年末，诞生不久的新中国，真可谓百废待兴。当时的上海冷饮市场，还是洋货一统天下的局面。益民工业公司食品第一厂一批意气风发的年轻建设者们提出，新中国成立了，中国人要有自己的冷饮等食品商标品牌。为此，当时的工厂领导决定使用"光明"两字作为商标名称。而"光明"牌商标图样，则由一把光芒四射的火炬组成。火炬的光芒寓意为解放了，社会迎向光明。商标图样中的 56 道光芒，代表 56 个民族。

1950 年 5 月初，赶在大热天之前，益民工业公司食品第一厂自主生产的优质"光明"牌棒冰问世。当时的工厂领导带领广大职工，纷纷走上街头，向市民宣传并推销国货新产品"光明"牌各种食品。他们还借来一辆旧卡车，在车上安装了一台大功率柴油发电机，并装上高音大喇叭，还带上洋鼓洋号，由工厂大门口出发，一直行驶到当时上海市中心最热闹的大世界游乐场附近进行宣传。由于"光明"牌商标名称，说出了当时广大民众的心声，很快便得到了社会各界的认可。加上宣传得力，当年的"光明"牌各种冷饮食品销售量，一举超过了老牌洋货"美女"牌棒冰，并成为当时国内市场上数一数二的名牌冷饮产品。"光明"牌冷饮等食品，还多次受到华东工业部的表扬和表彰。另外，50 年代初期，益民工业公司食品第一厂在接管海宁洋行后，对部分食品生产设施进行了改进，除了继续生产冷饮外，还生

20 世纪 50 年代，益民食品一厂使用的"光明"牌紫雪糕包装纸盒

产糖果、饼干和乳制品等食品。1953 年 6 月，上海益民工业公司食品第一厂改名为国营上海益民食品一厂，直属于中央轻工业部管理。

"光明"牌冷饮与"光明"牌牛奶的有机组合

　　20 世纪 50 年代后期，根据国家对食品行业的产业调整政策，当时益民食品一厂的"光明"牌奶粉和乳制品生产全部划归到上海市牛奶公司。其间，上海市牛奶公司乳品二厂注册使用"光明"牌商标。之后，"光明"牌不断扩大乳制品开发、生产和销售规模，并一举成为全国规模最大的乳制品生产、销售企业之一，在本行业中一直保持着领先地位。21 世纪初，光明食品（集团）有限公司组建，收购了光明乳业在光明食品有限公司中的 50% 的股权，重新恢复了上海益民食品一厂有限公司。现在益民食品一厂以生产"光明"牌冷饮和速冻食品等为主，其产品有蛋筒类、纸杯类、棒式类、切片类及加仑类等上百种花式冷饮产品，以满足市场的不同需求。

创新与需求相连的"金钱"牌

这里所说的"金钱"牌，是指"金钱"牌热水瓶。"金钱"牌热水瓶由金钱牌热水瓶厂组织生产。早期，"金钱"牌热水瓶在我国热水瓶行业中，是数一数二的名牌产品，在国内外畅销几十年而不衰。工厂最初主要生产国内名牌"金钱"牌热水瓶，之后又扩大生产"金钱"牌咖啡壶等相关产品。

金钱牌热水瓶厂是由我国知名工商业者董之英等人利用益丰搪瓷厂所获得的部分利润，一次投资 15 万元创办的。"金钱"牌热水瓶厂筹建于 1938 年，位于星加坡路（今余姚路）255 弄内，产品发行所设在爱多亚路（今延安东路）224 号。金钱牌热水瓶厂与创建于 20 世纪 20 年代的益丰搪瓷厂为姊妹厂。两厂发行所的销售员工，是两个"班子"、一套人员。

将产品商标名称作为企业名称

早期，益丰搪瓷厂生产的各种"金钱"牌搪瓷制品品质精良，早就成为国内民众所熟知的名牌产品。这样，在热水瓶厂创办时厂领导就决定继续使用名牌"金钱"牌搪瓷制品的品牌，即企业名称和热水瓶产品商标名称都使用"金钱"牌。上海有很多工厂都喜欢直接使用相同的企业和商标名称，这样做确实有很多好处，如日后便于产品广告宣传、扩大社会影响力，并达到事半功倍的效果，还利于保护企业和产品商标名称专用权，不被其他同行非法假冒等。

对于直接使用"金钱"牌热水瓶商标，当时厂领导之间有两种不同意见。一种是认为既然是新创办的热水瓶生产厂，就应使用新的商标。另一种坚持仍用老"金钱"商标。最后厂领导董之英等采用一种折中的方案，即使用"金钱"牌商标名称，但"金钱"牌商标图样，又与原来的不完全相同。其主要理由是：第一，采用金黄色的中华古钱币做商标，高贵富丽，能突出产品的民族性，即表明"金钱"牌是

20 世纪 30 年代，金钱牌热水瓶厂生产的"金钱"牌热水瓶

完全国货；第二，早期"金钱"牌搪瓷产品在国内外消费者中，已是声誉卓著，具有一定的社会影响力和良好的口碑；第三，"金钱"是一种财富的象征，完全符合人们追求吉祥如意、鸿运高照的传统心理，另外也寄托着厂领导对今后工厂事业发达、财源茂盛的向往；第四，"金钱"牌热水瓶厂以益丰搪瓷厂的"金钱"牌搪瓷制品为坚强后盾，使用"金钱"牌产品商标，自然是水到渠成。

根据消费者的需求来设计产品

该厂在创办之初，便建立了严格的"金钱"牌热水瓶质量管理制度。产品生产的各个环节，均由产品检验员进行严格检验。只要有一点质量问题，都不能出厂，从而确保了"金钱"牌热水瓶高品质、高质量。该厂早期生产的"金钱"牌喷花铁壳热水瓶，能根据消费者喜爱吉祥如意、富贵喜庆等的消费心理，邀请当时的工艺美术专家和产品广告设计大师，设计出如百鸟朝凤、鸳鸯戏水、松鹤长春、满园春色等等民间常见的人物、花卉和山水图样。另外，工厂在"金钱"牌热水瓶生产中，还经常采用国内外各种新工艺，产品外观效果极佳。该厂早期生产的"金钱"牌热水瓶，有 1 至 10 磅不同的容量规格，这大大方便了广大消费者的选购，丰富了国内热水瓶的品种。另外，他们生产的"金钱"牌小磅热水瓶，因小巧玲珑、携带方便，一时间成为居家旅行的饮水盛器。总之，工厂所生产的各种款式"金钱"牌热水瓶，主要还是根据当时市场需求和消费者的喜好来设计与研制。

"金钱"牌热水瓶大量出口至东欧各国

太平洋战争爆发后，日军侵占该厂，"金钱"牌热水瓶的生产一度中断。1945 年 8 月抗战胜利后，金钱牌热水瓶厂积极筹备复工，但由于当时社会动荡，通货膨胀，原材料价格飞涨，包括该厂在内的民族工商业，真是深受其害。

新中国成立后，由于当时美国等西方国家对我国实行经济封锁，这造成原先多年来直接出口东南亚地区的外贸中断。但厂领导与中央政府外贸部门联合，将国货优质"金钱"牌热水瓶转销至苏联、波兰等东欧各国。其间，该厂为了扩大对外出口，又先后独创了 1 至 5 磅企鹅型西洋式镀铬"金钱"牌咖啡壶，满足了当时东欧各国较大的需要量。该壶造型高雅，美观大方，既可作日用品，又可作装饰。20 世纪 50 年代，金钱牌热水瓶厂又积极响应党和政府的号召，在全行业中首先获批公私合营。

"中华"商标名称的有趣来历

"中华"牌牙膏是由上海牙膏厂生产的我国日用化学品行业传统名牌产品，在同行中和消费者心目里有着崇高的地位。上海牙膏厂在"中华"牌牙膏的几十年生产中，不仅非常注重产品质量，还根据广大消费者的需求，时常研制"中华"牌牙膏新产品，以此不断满足广大顾客对各种"中华"牌牙膏的需求。

"中华"牌牙膏商标，最初诞生于1954年。而早期"中华"牌牙膏商标，是由上海福新化学工业社首先创立并注册使用的。

"中华"牌商标名称不同凡响的来历

说起当时"中华"牌牙膏的诞生，也许是一种巧合。当时"中华"牌牙膏的生产者上海福新化学工业社在研制、开发和生产牙膏新产品时，正逢中华人民共和国成立5周年庆贺之时，工厂领导在选用新产品商标名称时，非常关注当时的国家形势与政府大事。说来也巧，早期上海福新化学工业社正好位于上海市中华路上，取名"中华"牌，对他们来说既符合当时的国家形势，也具有一定的现实意义。他们这样做确实是一件顺理成章的事情。另外，从大量企业产品

俯瞰中华路

商标名称的形成与使用来看，直接由庆祝国庆加上企业所在路名，巧妙构成一种全新商标名称的这种实例，确实是非常少见的。而"中华"牌牙膏商标名称的有趣来历，是一种十分巧妙的创新之举。

1956 年，当时上海地区的日用化学品工业公司，根据国家下达的宏观经济发展规划、国家工业产业优化组合的意见，在执行政府产业政策调整要求时，决定将当时生产规模较小、资金薄弱、发展后劲不足的上海福新工业社，直接并入我国著名的大型日用化学品工业企业——中国化学工业社，原先上海福新工业社注册使用的"中华"牌牙膏产品商标，也就顺其自然成为中国化学工业社牙膏商标的家族中的一员。

20 世纪 60 年代，中国化学工业社
使用的"中华"牌牙膏包装纸盒

生产出国内第一代"中华"牌儿童药物牙膏

50 年代末，中国化学工业社的科研技术人员，根据当时国家卫生行政管理机关对国内少年、儿童所做的牙齿等部分身体检测的数据分析，和注意防范的具体措施等建议与要求，曾在国内研制成功我国第一代儿童药物牙膏，这为下一代儿童防病治病带来了福音。因为当时全国儿童中，有 70% 左右患有各种龋齿病。而中国化学工业社根据国家有关部门的指示，于 1959 年 11 月，率先试制生产出我国第一支药物牙膏。而"中华"牌便是当时国内第一个药物牙膏的商标。那时，"中华"牌儿童药物牙膏为治疗众多儿童龋齿患者，确实也做出了一定的贡献。

之后，上海牙膏厂根据国内牙膏市场的需求，又及时推出了"中华"牌牙膏新成员，即"中华"牌氟钙牙膏，使更多的中国人拥有了国际级的口腔护理产品。而当时的"中华"牌氟钙牙膏，也是国内唯一获得 FDI（国际牙科联盟）认可的牙膏品牌。至此，"中华"牌牙膏拥有美白、口气清新、全效、中草药和防蛀 5 个系列、10 个品种，覆盖了较全面的消费者群体对牙膏功效需求，从而形成了"中华"牌牙膏家族。

"中华"牌牙膏新品不断、销量第一

自从 1967 年中国化学工业社更名为上海牙膏厂后，"中华"牌牙

膏产品和商标的发展，便进入了黄金时代。其间，"中华"牌牙膏曾先后获得省级和国家级 15 种奖项。如"中华"牌是全国第一个荣获国家部优产品称号的牙膏商标。70 年代，"中华"牌牙膏被部队指定为专用产品。其后，上海牙膏厂在全国率先研发成功"中华"牌药物系列牙膏。如"中华"牌美白系列牙膏，其特点是一刷即白，蓝色泡沫，持续使用后，有效美白牙齿。又如清新薄荷味系列牙膏，具有全面护龈等作用，三色膏体等特点。

1990 年，"中华"牌药物牙膏销售量高达 8000 万支，名列全国第一。"中华"牌牙膏总产量已高达 4.5 亿支，在全国牙膏行业中一直是产销第一。"中华"牌牙膏商标在全国牙膏市场覆盖面和占有率均为全国之冠。90 年代，"中华"牌牙膏商标还被国家工商总局认定为中国驰名商标。

"金叶"牌茶叶：上海名贵特产

上海知名的汪裕泰茶号，由我国近代著名安徽籍商人汪立政创办。汪裕泰茶号生产的"金叶"牌茶叶，不仅是早年上海地区名贵的土特产，也成为人们馈赠亲友的高档礼品。"金叶"牌茶叶品质精良，还曾荣获世博会最高奖——甲等大奖。

清末安徽商人来沪开茶叶店

上海汪裕泰茶号，开设于清咸丰年间（1851—1861年）。清道光十九年（1839年），年仅12岁的汪立政便外出谋生。他随族人来到上海，学艺经商。在做学徒期间，由于他虚心好学，诚实勤奋，深受店主信任，后被委任以出纳和财务主管之职。

清咸丰元年（1851年），汪立政在父亲的支持下，将平日做小生意所积累的一些资金，及变卖家乡部分田地遗产的收入等，筹集白银3万两，在上海旧城老北门（今人民路），开设了汪家第一家茶叶店，并冠名为汪裕泰茶号（即南号）。从此以后，汪家便开始专门从事茶叶经营销售业务。最初汪裕泰茶号是前设店面，后设工场。既门市零售，又现货精制，也经营批发。之后，为了扩大茶叶的销售渠道，汪

汪立政

家先后在上海、杭州和苏州等地，陆续开办多家茶号、茶庄，其中由
汪立政之子汪惕予，于清同治八年（1869 年）在上海四马路（今福州
路）开设的汪裕泰茶号第三分店，社会影响力最大。当时，汪裕泰茶
号不仅在各门店从事零售，还从事茶叶对外批发出口业务，且每年出
口以几百万斤计，生意久盛不衰，独冠全业。

"金叶"牌茶叶国内外多次获奖

清宣统元年（1909 年），汪裕泰茶号在上海先后开设三家茶号，
大获成功后，又在南京路增设第四家茶号。其间，还选择在杭州西湖
畔最佳地段投巨资兴建"汪庄"别墅。他们在别墅内增设茶叶门市
部，专门销售上等优质茶叶；设立"品茗斋"茶室，以供客商品茶；
另外，还设立"众仙楼"，作为与政界、商界和文化艺术界达官贵人

南京路上的汪裕泰第四茶号

聚会交谊场所。至 1937 年抗战前，汪裕泰茶号达到鼎盛时期。此时，汪家在上海地区已拥有茶号 8 家，茶叶加工栈房（即茶厂）2 处，分店 4 间。另外，还拥有卡车 2 辆，轿车 3 辆。其中第七茶号占地面积最大，共有 10 余亩地。其影响力居上海茶叶界之首，有沪上"茶叶大王"之称。

　　上海汪裕泰茶号之所以长期营业蒸蒸日上，与该茶号独特的经营管理理念有密切的联系。如汪裕泰茶号内部规定：从清明节前开始，到立夏后四五天为茶叶进货期。另外，对茶叶的加工也很有讲究，如在炒制茶叶时，对炉火温度的控制要恰到好处。火候不能太高，也不能太低。汪裕泰茶号师傅在茶叶加工过程中，真正做到一丝不苟。这样，他们所生产的茶叶，要比其他同行的产品质量更有保证。上海汪

裕泰茶号生产的"金叶"牌茶叶，曾先后获得南洋劝业会头等奖、江
苏省第一次地方物品展览会一等奖及农商部国货展览会特等奖。据
说，慈禧太后重建颐和园，祝六旬大寿时，汪裕泰茶号以"金山时
雨"入贡。

"金叶"牌茶叶：上海名贵土特产

20年代初，上海民间有这样一种习俗：如某人去外省市探亲访
友，在所带的各种礼品中，如果没有配上两斤上海汪裕泰茶号的"金
叶"牌茶叶，便会被认为是一种礼薄行为。由此可见，当时汪裕泰茶
号生产的"金叶"牌茶叶，不仅是上海地区赠送亲朋好友的一件高档
礼品，也成为上海地区一种名贵的土特产。有了如此辉煌的成就，汪

20世纪20年代，汪裕泰茶号使用的
"金叶"牌茶叶包装铁盒

裕泰茶号的"金叶"牌茶叶一举成为我国茶叶行业中响当当的名牌产品，而"汪裕泰"三个字，也成为中国名牌茶叶的代名词。

从早期汪裕泰茶号所使用的"金叶"牌茶叶铁罐正面看，整个"金叶"牌商标与产品装饰图样，设计非常精美，色彩富丽堂皇，金黄色占据了画面的绝大部分。如中间"上海汪裕泰茶号"与"金叶"商标等有关必备文字和图样，均用金黄色的花边进行装饰。在"金叶"牌商标图样下面有一段用绿底黑字印的给消费者的友情提示："本号所制各种绿茶色翠气清，红茶香浓味厚，花茶芬芳各别。定价比众低廉。赐顾诸君，务请认明'金叶'商标为荷。"这里主要是强调请顾客要先认明"金叶"商标，再购买茶叶，以免被误。右侧文字为"精制各种红绿佳茗"，左侧文字是"重窨诸品芳香花茶"，背面为"天女散花图"。一位美丽的仙女，手提花篮，将名花（这里象征"金叶"牌名茶）撒向人间，造福人类。

新产品不断的"龙虎"牌

我国传统知名中成药"龙虎"牌人丹，由上海中华制药公司生产。该公司是我国第一家由民族资本投资创办的制药企业。中华制药公司的创立，完全改变了过去洋牌洋药独霸中国药品市场的局面。此后，国内民族资本制药企业纷纷崛起，初步形成了一支与洋商抗衡的中坚力量。

几十年来，该公司生产的一批批"龙虎"牌家族新产品——人丹、万金油和花露水等，一直是国内市场上的名牌产品。

"龙虎"牌商标名称的构成

该公司由我国近代民族制药工业创始人之一、著名实业家、中法大药房经理黄楚九创办于 1911 年 7 月。创建之初，定名为"龙虎公司"，开设在上海三马路（今汉口路）小花园附近。龙虎公司生产的人丹等药品，以"龙虎"牌作为产品商标。取名为"龙虎"，是因为黄楚九认为："龙是吉祥之物"，"虎是兽中之王"，"龙虎"即意味着自己生产的产品，在今后药品市场竞争中能站稳脚跟，并立于不败之地。后来人们将商标与产品连在一起，称为"龙虎人丹"。1912 年 10

黄楚九

月，龙虎公司将人丹产品呈请北洋政府内务部化验，予以确认。同年12 月，经农商部核准，颁发给龙虎公司营业执照。

1915 年 8 月，因公司经营不善，黄楚九作价 4 万元，将公司整体转让给由陆费逵创办的中华书局。中华书局在接盘后，随即将原龙虎公司改名为"中华制药公司"，并于 1916 年初，正式开始批量生产"龙虎"牌人丹。同年 8 月，由于中华书局出版等业务繁忙，陆费逵等书局领导无暇顾及制药公司的业务，再加上市场上大量日货倾销，国内同行业竞争激烈，中华书局便将中华制药公司的产业、商标和原材料等核价 2 万元，仍旧转让给中法大药房的黄楚九。而黄楚九接手后，继续沿用中华制药公司的企业名称。

20 世纪 80 年代，中华制药厂厂房

20 世纪 80 年代，中华制药厂使
用的"龙虎"牌人丹包装纸盒

"龙虎"牌人丹药品的诞生

对于中华制药公司的主要产品"龙虎"牌人丹的来历，实际上黄楚九是根据中国古有成方"诸葛行军散"，自拟了一张处方，并进行了适当调整，用薄荷、冰片、丁香、砂仁和麝香等为主要原料，创制了以"呕吐、水泻、中寒和中暑"等为主治对象的新药，并将此新产品取名为"人丹"。

"龙虎"牌人丹问世之初，该公司虽然多次在《申报》等上海著名报纸上大幅刊登广告，大肆宣传称"惟一无二之活宝，旅行不可不备，居家不可不备，急救之大王，济世之宝物"等，但市民对国产"龙虎"牌人丹不甚了解，加上当时日本东亚公司的"仁丹"在上海市场上已有很大的销路，因而刚上市的"龙虎"牌人丹生意并不理想，每年销售也就 100 多箱。黄楚九不惜将中法大药房的起家产品"艾罗补脑汁"的部分销售盈利，来补偿"龙虎"牌人丹销售的亏损，与日本仁丹争夺国内药品市场。他出于对发展我国民族制药工业的强烈愿望，本着大力提倡国货品牌的精神，采取了积极的对策，包括大做产品广告，放账赊销，延长结账和降低售价，扩大批发与零售价格的差距等多种开拓市场销售的措施，从而使"龙虎"牌人丹在市场上站稳脚跟，有了立足之地。

"龙虎"牌不怕日商打官司

就在"龙虎"牌人丹开始畅销之时,却遭到了日商东亚公司的嫉恨。该公司为了长期垄断我国市场,扼杀我国民族制药工业,便以"冒牌"罪,向当时的特区地方法院提出诉讼,无理控告中华制药公司生产的"龙虎"牌人丹是冒牌日货"仁丹",要求中华制药公司停止生产和销售"龙虎"牌人丹。而中华制药公司也毫不示弱,专门聘请律师,据理力争,认为"人丹"和"仁丹"药品名称不同,仅仅是名称上的谐音而已,况且商标名称为"龙虎"牌,根本不存在冒牌的问题。这样,双方各不相让。这场商标官司一直上诉至北洋政府大理院(相当于现在最高人民法院),前前后后一共拖了近十年的时间。

在这期间,国内五四运动爆发,一场"使用国货,抵制日货"的爱国运动在全国兴起,国内各地爱国民众上街收缴日货,当场予以销毁。在这样的情况下,"龙虎"牌人丹被日商控告案件的社会舆论开始向有利于中华制药公司的方面转化。最后,法院以"龙虎"牌人丹胜诉而结案。在这场"龙虎"牌人丹商标官司中,中华制药公司虽然前前后后花去了10万元诉讼费,但收到的宣传效果,却远远超过了10万元钱的价值。

1923年5月,北洋政府农商部商标局正式成立。中华制药公司深知商标在市场销售中的重要性,便派人到商标局,将"龙虎"牌两字申请商标注册,并取得第335号"商标局商标注册证"。从此"龙虎"

牌人丹正式受到国家商标法律的保护。1930 年 1 月，由于"龙虎"牌人丹品质精良，价廉物美，还获得国民政府工商部的褒奖。之后，中华制药公司不仅长期生产知名的"龙虎"牌人丹，还不断开发中成药新产品，如"龙虎"牌风油精、清凉油等各种新产品。

别致的"双妹"名称与图样

"双妹"牌雪花膏是我国第一代机制化妆产品,诞生于19世纪末。早期,生产企业广生行公司为了扩大生产规模,在上海设厂,专门生产"双妹"牌雪花膏、花露水、生发油和爽身粉等市场上热销的传统化妆产品。"双妹"牌雪花膏等产品长期以来品质精良,品种齐全,曾风行全国城乡各地几十年,成为现在上海家化联合股份有限公司名副其实的老牌化妆品。

"双妹"牌产品曾多次荣获世博会奖章

"双妹"牌雪花膏的生产企业——广生行公司,由著名工商业者、旅美华侨、广东番禺人梁楠创办于清光绪二十二年(1896年)。20世纪初,广生行生产的"双妹"牌雪花膏等,由于迎合了广大消费者爱用国货商品的心理,而风行一时。在"双妹"化妆品出名后,广生行向政府有关部门申请登记注册了"双妹"牌商标。另外,当时广生行还向英国、日本、印尼等国,申请"双妹"牌商标在这些国家进行登记注册。清光绪二十九年(1903年),广生行为了扩大产品销售规模,在常年销售雪花膏等化妆品较多的沿海大城市广州、上海等地设立分

今日"双妹"专柜。2010 年，躬逢世博盛会，上海家化（前身为广生行）重新激活
"双妹"这个拥有百年历史的国货品牌，使之成为中国首个高端时尚跨界品牌

销行，专柜出售"双妹"牌各类化妆品。当时，两分行都取得非常不
错的销售业绩。

清光绪三十年（1904年），美国政府在路易斯安那州首府圣路易
斯举办世界博览会，清末政府首次以官方名义组团参加。当时，因生
产优质"双妹"牌雪花膏等化妆品而闻名的广生行，也被清末政府邀
请作为参加世博会的企业之一。在这届圣路易斯世界博览会上，广生
行生产的"双妹"牌雪花膏等化妆品，还荣获世博会大奖。

"双妹"在上海开设生产企业

清宣统二年（1910年）初，广生行有限公司为了扩大化妆品销售
渠道，决定在上海地区开设销售分公司，专门经营"双妹"牌雪花膏
和花露水等名牌产品。之后，广生行公司为了降低产品运输成本，进
一步扩大生产规模，决定将今后主要生产经营活动，由香港转向内地
市场。当时，公司经过多年市场调研，选定内地交通方便、化妆品销
售较为集中且有一定发展前途的大城市上海，作为今后公司生产销售
的基地。清宣统二年（1910年），广生行公司投入巨资，在上海塘山
路（今唐山路）创办大型现代化化妆品生产厂，主要生产"双妹"牌
雪花膏、花露水、生发油和爽身粉等市场上热销的传统化妆品。同
年，公司在上海南京路475号，隆重举办为期3天的大型减价酬宾活
动，及时推出"双妹"牌新款雪花膏等产品。

1915年，广生行公司参加农商部举办的全国商品展销会。那时，

"双妹"牌香粉包装纸盒、爽身粉包装铁盒

"双妹"牌雪花膏等作为生活用品，以它新颖、独特的魅力，和过硬的产品质量，而荣获展销会特等奖。同年，美国政府为纪念巴拿马运河通航，而在旧金山举办万国博览会。公司也应邀远赴美国参加巴拿马万国博览会。在这次博览会上，"双妹"牌雪花膏等产品，获得世界博览会大奖。1926年，广生行有限公司的"双妹"牌雪花膏等，又在美国费城世博会上，获得"化妆卫生用品"类产品的金质奖章。

由广生行公司上海地区生产的"双妹"牌雪花膏等，经英国皇家化学专家布朗氏等检验认可，证实不仅为合格卫生的化妆品，且如花露水等能留香12天之久。由此广生行"双妹"牌产品的名声和信誉，在国外也是与日俱增。1920年代初，已是声名卓著的"双妹"牌雪花膏、花露水等，正因为产品精良、种类齐全、宣传得当而家喻户晓，成为那个时代最时兴的化妆品。

别具一格的"双妹"牌商标名称与图样

从早年设计的"双妹"牌雪花膏、宫粉和爽身粉等产品外包装看，无论是"双妹"牌商标名称，还是"双妹"牌图样，其设计均可称独具匠心。

从广生行公司注册使用的"双妹"牌商标名称构思看，它与所生产的化妆品非常贴切。因为"双妹"的"妹"字，与"美丽"的"美"字谐音，"双妹"即"双美"。所谓"双美"就是说使用了"双妹"牌化妆品后，能使广大妇女们谓"色美、香亦美"。"妹"字，通常是指少女，而"少女"两字合并，又组成一个"妙"字，双"妙"并列，便能使用"双妹"牌化妆品，顿生亲切与美感。再从"双妹"牌商标图样看，两位青春少女，体态优美、神情庄重，身穿旗袍，微微而笑。还有她们手挽着手，一前一后。一位穿红，一位着绿。一人手持鲜艳花卉，一位手拿花露香水，令人顿生美妙之感。

从早期广生行公司上海地区生产的"双妹"牌化妆品实物看，其设计精美，色彩艳丽。如"双妹"牌宫粉，盒盖上方设计五彩缤纷。两朵大红牡丹显得庄重典雅，其周围还有白色、紫色和绿色等花卉争相吐艳。圆纸盒侧面设计同样美观大方，椭圆形的"双妹"牌商标图样，非常醒目。还有"双妹"牌雪花膏，制作精致。从铝制盒盖上看到，有压制的"双妹"牌商标图样和"双妹老牌"四个汉字。瓶底也有"双妹"牌商标图样和英文"TRADE MARK"。

国际视野

"飞虎"牌在世博会获奖
首个中英文针剂药品商标
"金盾"品牌,中国梅林
引进国外设备,"如意"产品一流
外商无法封杀的"大华"电表
"美亚"绸缎销往大洋彼岸
走出国门的"马头"牌颜料

"飞虎"牌在世博会获奖

上海振华油漆公司生产的"飞虎"牌油漆，不仅早在90多年前就闻名于世，还曾荣获世界博览会的金质奖章。该公司由我国近代民族工商业者、浙江鄞县（今宁波）人邵晋卿，创办于上海虹口百老汇路（今大名路）永成里。该公司的创建及"飞虎"牌油漆的成名，还有这样一个故事。

船厂职员大胆创办造漆厂

早年，邵晋卿在英商祥生船厂任职。在日常工作中，他经常接触各种油漆涂料。当时，正值第一次世界大战爆发，由于交通梗阻，进口油漆数量锐减，对船舶维修带来不便。而国内没有一家造漆厂。邵晋卿感到这是发展民族油漆工业的良机。由此，他萌发了创办造漆厂的想法。那时，他多次与同行好友聚会商讨筹建造漆厂之事。一段时间过后，在得知同行已于1915年9月，率先创办上海开林油漆公司后，他便加快筹建造漆厂的脚步。经过精心准备，在筹措600块银圆后，于1916年9月间，造漆厂创建成功。当初，工厂设立时叫振华实业公司。企业虽对外称公司，但实际生产的只有2名技师和2名工人。使用的油漆商标有"飞虎"牌、"双旗"牌等。之后，公司还陆续注册有"三羊""太极""牡丹""无敌"和"宝塔"等 13 种商标，其中以"飞虎"牌商标在同行中影响最大，社会知名度最高。从"飞虎"牌商标图样看，一头生长双翅的飞虎，异常凶猛。自然界的老虎，已是百兽之王，这里将老虎再长上翅膀，真是"如虎添翼"。而振华油漆公司也确实是希望自己生产的各类油漆产品，今后在同行中是"强中更强""优中更优"。

品种繁多的"飞虎"牌油漆

1917 年，邵晋卿辞去祥生船厂的职务，专门从事油漆制造工作。当时，他亲自订立公司章程，向社会公开招股，同时还得到好友乐振葆的鼎力相助。在有了一定的经济基础后，他便将"达利""达民"两家同行小厂，合并到公司之下。他还购置了一台摇轧油漆机、一台小锅炉，并将公司迁至狄思威路（今溧阳路）501 号。1918 年，邵晋卿为谋求公司的进一步发展，又将光华红粉厂、兴业油漆公司和几家颜料厂盘进，并将公司迁至交通更为便捷的苏州河北岸边潭子湾路 538 号。此时，邵晋卿将原振华实业公司更名为振华油漆公司。公司为便于生产，在内部分设铅粉部、化炼部、煎油部、飞磨部和油漆部等。公司为提高产品质量，聘请技术骨干、机械工程师萧贤钢等来公司工作。而工人也由最初的 2 人，增加至 15 人，月产"飞虎"牌油漆等产品约 30 吨，年销售额为 18000 块银圆。

1920 年，邵晋卿为扩大生产规模，决定向社会招股集资，并将公司改组为股份制。由乐振葆任董事长，自己出任总经理。在这期间，公司每月生产量都有提高，产品销售情况也蒸蒸日上。同年年底，公司注册资本已达 10 万块银圆，全年销售额高达 7.8 万块银圆。为了研制生产出更多的优质产品，1924 年初，邵晋卿以每月 400 块银圆高薪，外加一套洋房为条件，聘请从美国留学归来的油漆生产专家戴汝辑担任公司技术部主任。戴先生是我国第一位研制油漆的化学专家。其间，由他主持生产出汽车漆、木器漆、调和漆、快燥磁漆和改良金漆等多项油漆新品种。另外，公司还自制白铅粉、铅铬黄粉、红丹粉等多种制漆颜料。

为使用户对新产品放心，振华油漆公司还特设工程科，专门为用户施工。这样做，不但为推销新产品发挥了一定作用，也起到了一种无形的广告宣传作用。为了发挥戴汝辑和公司产品的广告效益，他们在每只漆桶外，均印上"戴汝辑先生监制"字样，这样大大提高了早期"飞虎"牌油漆在同行中影响力和社会知名度。

"飞虎"牌油漆荣获费城世博会金质奖章

1925 年"五卅"惨案后，"飞虎"牌油漆在抵制洋货运动中，成功地将日货"鸡"牌油漆赶出上海，并使日货油漆在国内油漆市场绝迹。之后，"飞虎"牌油漆还进入原本由洋货垄断的国内铁路、电车车辆市场。由此一来，对洋商利益触动很大。1926 年初，该公司"飞虎"牌油漆除了在国内各地大量销售外，还销往东南亚地区，获得菲律宾嘉年华会奖、新加坡马婆联展最优等奖等。同年，振华油漆公司参加美国费城举办的万国博览会（即世博会），又获得金质奖章。20年代末，国民政府工商部对"飞虎"牌油漆也予以各种褒奖，并通令"海陆空军暨各省市政府，转饬所属尽量采用，以资提倡"。

30年代初，振华油漆公司联合上海开林、永固等油漆生产企业，与英商永光油漆公司多次开展市场竞争。1935年，英商在杨浦平凉路

20 世纪 30 年代，振华油漆公司发布的"飞虎"牌油漆产品广告

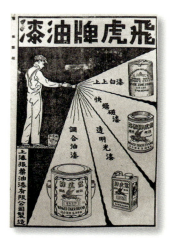

开办永光油漆股份有限公司生产基地，生产厚漆、调和漆等产品，并以微利倾销，以此操纵我国油漆行业。面对英商抢占国内油漆市场，振华油漆公司联合开林、永固、万里等一批民族造漆厂，签订联价公约，与洋商抗衡。当时，我国油漆产品质量和品种已不比洋商差，生产规模也不小。如同年振华油漆公司有职工170余人，年产油漆2512吨，是国内规模最大的油漆专业制造厂，也是民国时期国内生产油漆的最高产量。

首个中英文针剂药品商标

我国历史上第一家针剂药品生产企业是哪家？答案是：上海海普化学制药厂。该厂由我国现代著名针剂药品生产创始人张禹州创办于1925年。该厂生产的"海普"牌针剂药品，历史悠久，品质精良，一直是我国针剂药品行业中产量、质量的冠军。

我国针剂药品生产"零"的突破

20世纪初，我国城乡各地大、小医院所使用的药片、注射用的针剂药水等，基本上为洋牌洋货所垄断。自1919年五四运动爆发后，全国城镇掀起了一场声势浩大的"抵制洋货，使用国货"的爱国运动。这场爱国运动为华商制造、销售国货针剂药品，宣传使用国货针剂药品，提供了良好的社会环境。就是在这样的形势下，由我国近代著名实业家、针剂药品研制专家张禹州创办的全国第一家国货针剂药品厂——上海海普化学制药厂宣告诞生。它的诞生开创了我国针剂药品制造业的先河。"海普"牌针剂药品商标的使用，也实现了我国针剂药品"零"的突破。

张禹州早年在德国人柏德开办的西式小医院"宝隆医院"内任

职。之后，他又到德国医生科发在上海五马路（今广东路）开办的"科发药房"，学习西医知识和药剂调配技术及西药的经营管理等相关业务。他岳母长期在外商生产注射剂（俗称针剂）的工厂工作，因而张禹州又努力向岳母学习针剂药水的灌注和玻璃熔封等技术。这些有利条件，为张禹州之后自己独自开办针剂药品厂，打下了较为坚实的基础。到了20年代初，国内针剂药品的需求量与日俱增，而当时全国各地还没有一家能生产针剂药品的工厂。

"HELP"商标名称的深刻含义

1925年，张禹州先生和两个好朋友经过一段时间的筹备，终于在上海建成我国第一家国货针剂药品厂。对于工厂厂名和针剂药品的商标名称，张禹州考虑了很长时间。当时，他感到厂名和商标名称既要响亮，又要有深刻的含义，要能为病人带来希望，带来光明。张先生想到自己生产的针剂产品的主要目的，就是要帮助病人解除痛苦，治病救人。而英文"help"，就是"帮助""挽救""治疗"和"救人"等意思。

但从早期海普制药厂产品外包装纸盒看，他又不直接用"help"一词，而是以"help"相近似的"hypouel"，加上中文译音"海普"作为商标名称，与企业名称相同。这样做有几点好处。一是企业名称与商标名称相一致，便于保护产品商标专用权，不被其他同行所假冒；二是便于今后的产品广告宣传，扩大社会影响力；三是方便病人

认牌购物。所以，张禹州根据针剂药品的发展前景、产品的销售对象
等多方面因素，认为使用"hypouel"与"海普"两字最为恰当。

　　从"海普"牌产品商标图样来看，以"海上日出，阳光普照"为
主要图形，寓意确实很深刻：第一，"海普"与"hypouel"谐音相近。
这样做，可以使病人在拿到"海普"牌针剂药品后，马上在精神上得
到暗示：可以得到治疗。而对于全国第一个针剂药品商标和第一家国
货针剂药厂来说，正体现了张禹州的办厂宗旨，以及他以药品"普济
众生"的职业道德。第二，将针剂药品取名为"海普"牌，与张禹州
所提倡的"治疗法度"是一脉相承的。病人受到疾病的磨难，犹如苦
海无边，而"海普"牌商标图样，一看就像"海上日出，阳光普照"，
给病人带来希望，带来光明。第三，用"海普"牌作为我国第一个国

20 世纪 30 年代，海普化学制药厂"海普"牌碘化钙包装纸盒、药品实物

货针剂药品的商标名称，也反映出海普化学制药厂决心同进口洋货针剂药品一争高低的民族自信心。

"海普"针剂药品可与洋货抗衡

由于海普制药厂不断提高产品质量，扩大"海普"牌商标宣传力度，到 20 世纪 30 年代末，"海普"牌针剂药品在当时洋货充斥的国内药品市场上，已能站稳脚跟，并将"海普"牌针药从上海销往全国各地。为此，一些老一辈医学专家、老教授都曾赞誉道：在他们刚开始工作实习的时候，就已知道"海普"牌针剂商标的良好声誉，更知晓"海普"牌针剂产品过硬的质量。

到了 40 年代初，"海普"牌针剂药品在国内外市场上已完全可以与洋货产品抗衡。在抗日战争期间，海普制药厂还曾多次将各种优质"海普"牌针剂药品，大量运往八路军抗战驻地。这对当时缺医少药的我军来说，起到了非常大的积极作用。上海解放前夕，"海普"牌针剂药品已成为我国针剂药品中最好的产品之一。

"金盾"品牌，中国梅林

上海中国梅林罐头食品公司是由石永锡等几位西餐厨师合资创办的。该公司生产的"金盾"牌番茄沙司（即番茄酱），是我国西餐调味料行业中第一代国货产品。而早期他们注册使用的"金盾"牌番茄沙司产品商标，几十年来一直是国内食品行业的名牌。20世纪30年代初，"金盾"牌番茄沙司不仅销往国际市场，还荣获美国芝加哥世界博览会大奖。关于中国梅林罐头食品公司的创建，和"金盾"牌番茄沙司生产的不断壮大与不断走向国际市场，这里还有一段令人难忘的不平凡经历。

"三无"条件下，试制成功西餐调料

20世纪初，专为外国人服务的餐饮店——西餐社、西餐馆等在上海等大城市应运而生。由于外国人的饮食习惯、口味等和我国市民完全不同，就是所用的餐具、佐料等，也有很大的差异。而早期在为洋人提供服务的西餐社内，最常见的食品调料就是番茄沙司。

当时，上海等城市的各大西餐社，单单番茄沙司这一调料需求量就很大，而那时均是进口的，如美货"台尔蒙"牌番茄沙司。到了20

年代初，上海地区的美货"台尔蒙"牌番茄沙司，由于使用量进一步扩大，经常发生脱销的现象。这样，西餐馆平时营业受到很大影响，业主觉得很不方便。

针对这一"巧妇难为无米之炊"的情况，中国西餐制作师傅石永锡等人灵机一动：我们中国人是否也能生产番茄沙司，以解燃眉之急呢？

1921年，我国西餐师傅们在一无生产条件，二无师傅指导，三无技术资料的情况下，仅仅凭着自己的多次品尝，仔细观察、研究，经过无数次的试验，并将自己试制出来的产品，多次邀请经常使用番茄沙司的外国人品尝，听取他们的点评，终于试制成功了第一代国产番茄沙司。后来，经几家大型西餐社试用，国产番茄沙司的色、香、味等，与美国知名的"台尔蒙"牌番茄沙司不相上下。几位参加试制的中国厨师决定自己开设工场，自己生产销售。这里所说的国产番茄沙司初创过程，包括最初设立的生产番茄沙司的工场，实际上就是梅林罐头食品公司成立前的一段难忘经历。

国货调料与洋货产品并驾齐驱

1930年7月，石永锡等人决定合股开设梅林罐头食品公司，专门生产番茄沙司等罐头调料食品。当时，梅林公司生产番茄沙司使用的产品商标为"金盾"牌。其产品主要销往西餐社、西餐馆等。早期国货"金盾"牌番茄沙司，很多外国人对它的产品质量、口味等均不了解，如何能及时打开产品销路呢？这让梅林公司的领导犯了愁。当时他们想出一个好办法，就是使用一些"台尔蒙"牌番茄沙司空瓶，装上自己生产的番茄沙司，和一些原装的美货"台尔蒙"牌番茄沙司一起免费让西餐社里的老吃客品尝，叫他们猜猜哪瓶是美国货，哪瓶是中国货，再说说两瓶有何区别。结果连一些常吃"台尔蒙"牌沙司的外国老客户一时也无法辨认。由此说明梅林公司的"金盾"牌产品是完全合格的。而由于"金盾"牌番茄沙司要比"台尔蒙"牌价格便宜，这样便使国货"金盾"牌番茄沙司迅速打开销路。之后，公司又进行一番广告宣传，"金盾"牌番茄沙司的社会影响力也越来越大，与美货一样出现供不应求的局面，还一度销往印尼和日本等国。

"金盾"牌番茄酱 30 年代已销往国外市场

1934 年，该公司生产的"金盾"牌番茄酱等产品应邀参加了在美国芝加哥举办的世博会。"金盾"牌番茄酱品质精良，包装精美，荣获这届世博会的"大会感恩"奖和"成功合作"奖。从此以后，该公司的"金盾"牌番茄沙司，不仅在东南亚各国畅销，还进入了美国和欧洲市场。

从最初"金盾"牌商标图形看，确实如商标名称一样，是一块金色的盾牌。梅林罐头食品公司用"金色盾牌"作为商标图样，则表示"金光闪闪的盾牌，坚强有力，牢不可破"之意。早期，"金盾"牌番

20 世纪 30 年代，梅林公司使用的"金盾"牌番茄酱包装中英文标贴

茄酱商标文字为全英文，因为当时梅林罐头食品公司生产的番茄酱，绝大多数为出口产品，且大都销往欧美地区。公司使用全英文商标，其主要目的是便于外国顾客认牌购物。在"金色盾牌"画面中，最大的文字是"梅林"的英文译音"MA LING"。下面三行英文为"THE BEST QUALITY"。在商标图样的上面为"TRADE MARE"，译为

"注册商标"。"INDIAN　CONDINENTS"，是产品名称。下面英文是
公司名称。另外，早期国内销售的其他"金盾"牌番茄酱等产品，在
产品名称和企业名称中，也有中英文合用的。但商标图样和全英文的
商标名称，并没有什么大的变化。

引进国外设备，"如意"产品一流

"如意"牌搪瓷制品，由华丰搪瓷股份有限公司生产，而"如意"一直是我国搪瓷制品生产行业中家喻户晓的传统名牌。华丰搪瓷股份有限公司是由我国近代著名实业家刘鸿生和他的好友李拔可，于1929年投资30万元创办的。20世纪30年代，"如意"牌搪瓷制品，是国内数一数二的产品。

华丰搪瓷公司和"如意"牌商标

1928年初，知名工商业者李拔可告知刘鸿生想创办一家搪瓷制品厂，认为投资搪瓷制品生产行业，能获得丰厚回报，并希望得到刘鸿生的帮助，共同出资兴办。1929年初，刘鸿生经过市场调研，按照李拔可意见，决定一次投入10万元，并占该企业全部资本的三分之一。另外，由刘鸿生挑选浦东周家渡码头的部分地皮，约18亩地左右，作为新建搪瓷制品企业的厂房。创建之初，刘鸿生为新搪瓷企业命名为"华丰"，即华丰搪瓷股份有限公司。而"如意"牌产品商标，也由他所定。

1929年9月，华丰搪瓷公司正式开工生产。当时，华丰搪瓷公司由刘鸿生推荐李拔可为公司的董事长，李直士兼任经理。而华丰搪瓷公司的生产设备，由刘鸿生主要向日本订购。产品原料用铁皮等，以向美国、日本和德国等进口为主。公司日常生产技术人员，包括制坯、制粉和搪瓷等各生产环节，均高价邀请日本技术人员进行指导。当时，李直士虽在日本学习过搪瓷生产工艺，但关键技术，还由日本人掌控。如在搪瓷车间，对于搪瓷窑的结构性能，日本技术人员都严格保密。

在同行中不断开发研制"如意"牌新产品

公司创办之初，正值同业各厂竞争激烈之时。当时，益丰、铸丰、中华和兆丰四家搪瓷厂，为生产形势所困，便成立联合办事处。而华丰公司便处在孤立无援的环境之中。后经刘鸿生的多次协调，华丰搪瓷公司于1930年初，也加入了联合办事处。

20世纪30年代，华丰搪瓷公司多次面临洋货搪瓷产品对上海市场的冲击。为此，公司领导审时度势，建议联合组建产品销售办事处，组织国货搪瓷产品统一对外销售营业所。但由于各厂经营思想不统一，包括可能所获利润不均，最终成立营业所的计划未能实现。但刘鸿生对此并不气馁，与益丰搪瓷厂多次协商，最终决定由华丰公司与益丰搪瓷厂两家单独组建搪瓷产品营业所。而两家企业商议优势互补，华丰搪瓷公司增加了市场需求量较大的"如意"牌产品销售规格、品种，扩大了"如意"牌搪瓷产品的销售渠道。这样，双方都取得不错的销售业绩。另外，华丰搪瓷公司因与益丰搪瓷厂签订了良好的合作与互补协议，这样让华丰公司的各类"如意"牌搪瓷制品，如搪瓷字牌、搪瓷餐具、搪瓷卫生用品等产品，通过益丰厂的部分销售客户，很快在市场上打开销路。1930年10月，华丰搪瓷公司与益丰搪瓷厂又签订联合营业协议，在生产销售方面相互合作，取长补短，互利互补。这样，各类"如意"牌搪瓷制品的生产销售，稳步发展。"如意"牌搪瓷制品商标也逐步在国内搪瓷制品市场上，特别是在江南一带，赢得了广大消费者的认可，成为知名品牌。

华丰搪瓷公司的管理层非常注重对国内搪瓷制品市场的调研工作，不断开发"如意"牌新产品，如当时华丰搪瓷公司在国内市场上，首先推出"如意"牌翻口面盆新产品后，随即引起同行业的注目，一时成为全国各大搪瓷生产厂争相仿制、普遍生产的重点品种。另外，当时华丰公司还首先研制生产出"如意"牌8厘米至10厘米牛奶杯系列产品，为国内搪瓷茶杯的快速发展，起到了很大的推动作用。

大胆引进全套进口设备

1930年底，华丰搪瓷公司决定从德国高价引进全套制坯机械设备，由此使华丰公司的搪瓷制坯技术，一度在当时国内搪瓷业首屈一指，而当时绝大多数搪瓷厂均使用手工操作生产。之后，该公司还在国内搪瓷业首创第一座自动炉窑，研制生产出"如意"牌钛彩色

20 世纪 30 年代，华丰搪瓷公司生产的"如意"牌搪瓷盘

瓷釉新产品。由于及时引进国外先进搪瓷生产技术设备，"如意"牌搪瓷产品，一举成为国内市场上的广大消费者一致认定的名牌搪瓷产品。

1931 年九一八事变后，日本籍生产技术人员纷纷离开公司回国，公司生产面临较大影响。但公司领导要求技术人员自己克服困难，自己解决生产技术难题。在经过一段时间的探索、琢磨后，华丰公司的技术人员在刘鸿生先生的热情鼓励与大力支持下，攻克了一个又一个技术难题，并使华丰公司逐步走入正常生产之路。

1932 年初，随着淞沪抗战的爆发，上海等江南地区的各类产品市场销售，均面临下滑困境。由于当时公司产品销售不畅，积压严重，公司资金周转发生困难。最后，公司领导只能依靠借债度日。华丰搪瓷公司于 1935 年将生产场地由浦东迁至闸北。该公司后与益丰、铸丰、兆丰等搪瓷制品生产企业协商合作，联合创办上海国产搪瓷营业

华丰搪瓷厂国产搪瓷营业所

所，包括各厂的客户对象和销售额由营业所统一分配。至抗战前夕，公司的各种"如意"牌制品的产销逐渐好转，并一度达到了当时最好的发展水平。

外商无法封杀的"大华"电表

眼睛，是人类的重要器官。没有眼睛，没有光明，人就失去了方向。人们将使用在各种工业机器设备上以测试和显示各种数据的仪表，称为机器设备上的"眼睛"，由此可见仪表在工业设备中的重要性。说到仪表，就使人想到为我国仪表工业而奋斗的前辈丁佐成先生。而由他一手创立的我国近代仪表工业的名牌产品商标——"大华"牌，则为我国仪表的工业发展做出了杰出贡献。

丁佐成创立大华仪表公司

1925 年 3 月，28 岁的丁佐成从美国回国后，便着手筹备自己所向往的仪表电器工厂。为了早日创办仪表生产企业，他白手起家，通过筹措经费，并将自己在美国省吃俭用所积蓄的所有资金 6000 元拿出，于同年 10 月在上海博物院路 20 号（今虎丘路 131 号）租借了二楼写字间，并用剩余资金买下某外国人用于维修幻灯机的设备和部分工具等，创办了上海中华科学仪器馆。当时馆内仅有一台台钻及少量手工工具，4 名职工。而颜任光在回国后，也一度成为该仪器馆的工程师。

大华科学仪表公司创办人丁佐成

由于丁佐成经营有方，当时的宁波商人朱旭昌在与丁佐成相处一段时间后认为：丁佐成年轻有为，学识渊博，他所从事的我国新兴行业仪器仪表工业，将来必有很大的发展前景。为此，朱旭昌邀集上海几位实力雄厚的实业家，一次集资6万元，与丁佐成合作组建仪器仪表股份有限公司。1927年初，经过朱旭昌先生等入股，大华科学仪器股份有限公司正式成立，由朱旭昌任董事长，丁佐成任经理，颜任光为工程师。1928年，公司职工人数增至约60人。从此，大华科学仪器仪表公司正式开始生产制造各种仪器仪表，开创了中国人自制物理仪器和实验设备的历史先河。

试制成功我国第一只"大华"牌电表

1929年10月，经过丁佐成等广大技术人员近两年的努力，我国第一只国产电表——3 寸"R"型直流电表终于诞生了。当时，丁佐成怀着喜悦的心情，用自己的英文名字"Robert Ting"的第一个字母，为新电表的型号命名。使用什么名字作为自己产品的商标名称呢？丁佐成考虑到：新产品是研制成功了，但这并不等于该产品能在市场上畅销。为了便于今后自己产品的广告宣传，也便于广大消费者能牢牢记住自己的公司名称，他提议就使用"大华"两字作为产品商标名称。后经征求董事会意见，一致认为丁佐成提出的建议基本可行。

30 年代初，"大华"牌仪表商标，在经国民政府实业部商标注册管理部门核准注册后，获得商标局商标注册证。

"大华"牌仪表及产品商标遭遇外商封杀

在成功试制我国第一只直流电表后，丁佐成决心要在国内仪表行业大干一番事业。但当时丁佐成的事业，并不如他想象的那样平坦和顺利。由于生产电表所用的磁钢、漆包线和电阻丝等基本原材料，当时国内都无法生产，丁佐成只能向外商威斯登公司等在上海的代理商中国电器公司订购。威斯登公司原先答应将这些仪表零部件按时卖给丁佐成。但之后威斯登公司老板通过其他关系得知丁佐成的大华仪表公司已经生产出中国第一只民用"大华"牌直流电表，突然决定取消出售仪表零配件的供货合同。他们单方面决定中断与丁佐成的销售合同，其目的不是不想赚钱获利，而是想把刚刚诞生的中国仪表工业扼

20 世纪 30 年代，大华科学仪表公司
使用的"大华"牌仪表商标图样

杀在摇篮里。

丁佐成事先已有准备，他们决定自行寻找代用品。当时丁佐成曾用进口钢琴的钢丝，改制成仪表轴心，以钢带自制游丝，以薄铝板做指针和表壳。经过丁佐成和广大技术人员艰难试制，一批批国产电表不断走向市场，并完全打破了外国人技术、零配件等的封锁。之后，丁佐成还率领大华科学仪器公司技术人员扩大品种，先后研制成"大华"牌各种类型和规格的交流、直流电表、电力表、功率因数表等，还专门设计了"大华"牌教学用电阻箱、分流器、检流计、可变电阻器等产品。

"大华"牌仪表的快速发展，不可避免地引起外国同行的嫉恨。当时美国某仪表公司的销售人员来到丁佐成处游说，想与丁佐成"合作"开发新产品，并在大华公司入股。丁佐成在召集董事会研究对策后认为：大华仪表公司与"大华"产品商标发展到现在，凝聚着大华公司全体人员的心血。公司必须自主经营，国货"大华"产品商标，更不能让外人使用。当时美商将丁佐成看作"眼中钉""肉中刺"，多次指使有关公司与丁佐成谈判，企图将大华公司和"大华"产品商标专用权转让给某美商电气公司。在商谈无效后，美商曾一度施行高压手段，并公然威胁，准备以100万美元作经济后盾，与大华公司和"大华"牌商标进行市场搏杀。但不管美商采取何种手段，丁佐成始终不予合作。最终，美商也无法封杀国货"大华"牌仪表。

"美亚"绸缎销往大洋彼岸

"美亚"牌绸缎是 20 世纪 20 年代国内绸缎市场上的传统名牌产品。该绸缎产品由上海美亚织绸厂组织生产。"美亚"牌绸缎的经营者、知名企业家蔡声白先生，具有过人的经营才能与胆识，尤其是具有国际视野，能够看得高，望得远。

"美亚"牌，以"精、美、新"三字取胜

"美亚"牌绸缎因品质精良，在 20 年代已风靡国内各地，到了 30

20 世纪 20 年代，美亚织绸厂生产厂房和产品运送车辆

年代，面临国内外同行的激烈市场竞争，但蔡声白坚持走自己产品的
独创之路。何谓独创之路？就是美亚厂生产的"美亚"牌绸缎产品，
在"精、美、新"三个字上做足文章。

　　蔡声白认为，"美亚"牌产品商标，要在市场上立于不败之地，
并赶超洋货丝绸产品，首先，要在一个"精"字上下功夫，要以
"精"取胜。这里的"精"，实质上就是要不断地提高产品质量。在
1926 年 3 月，即美亚织绸厂创建 6 周年之际，蔡声白在同年 10 月出
版的《美亚特刊》上撰写的《美亚厂六年来之回顾》一文中谈到：要
保持"美亚"牌产品商标良好的市场信誉，只有四个字，就是经常做
到"出品求精"。

《礼拜六》杂志上的美亚织
绸缎厂产品广告

其次，"美亚"牌产品商标，要在市场上长期处于领先地位，那么必须在一个"美"字上动足脑筋。丝绸产品不同于其他一般生活消费品。当时丝绸的消费对象，主要是社会上中高层人士，尤其以城市上层女性为多。而它的穿着对象要适合于大庭广众和各种礼仪交际场所。因此"美亚"牌产品必须特别讲究色彩、花样和款式等。只有在一个"美"字上考虑周到，才能对消费者产生一种美的吸引力，引起消费者的购买欲望。

再次，要保持"美亚"牌产品商标的市场占有率，还必须要以"新"取胜。所谓"新"，就是要根据市场变化、消费者爱好的变化，及时调整产品结构，经常推陈出新。1937 年 8 月以前，由蔡声白率领的美亚厂设计人员，十多年来坚持每星期必有一款新品种问世的工作制度。当时他还筹建了一个展示"美亚"牌各种丝绸精品的陈列馆。馆内所展览的"美亚"产品，真可谓是琳琅满目，美不胜收。每一位前来参观的消费者，无不齐声赞叹：真是来到一个"丝绸博物馆"。

"美亚"牌在国外市场与日货的竞争

到了 20 世纪 20 年代后期，日本廉价人造丝源源不断输入我国城乡和东南亚各国市场，对"美亚"牌丝绸的日常销售产生巨大影响。人造丝织物成本较低，加工工艺简单，且获利丰厚。"美亚"牌丝绸与日货人造丝在国内外市场上展开大规模竞争，在所难免。由于日货人造丝色彩鲜艳，手感滑爽，售价低廉，原先已被"美亚牌"丝织品占领的东南亚市场，又重新被日商挤占。而此时蔡声白也不甘示弱。他反复思考，分析原因。他经过调查发现，日货之所以能迅速占领东南亚市场，不是在于产品花样、质量，而是完全在于其价格上的优势。另外，日商的出口产品一般都享受本国政府的优惠政策，还免去了出口税。

了解日货出口产品的价格优惠政策后，蔡声白随即通过朋友关系，于1932年开始向我国政府海关部门提出申请减免进口税和成品出口税。但由于此项申请在当时国内企业中尚无先例，故一开始并未获政府批准。蔡声白对此并不气馁。他经过长达4年的不懈努力争取，到1936年最终获得批准免税。此外，蔡声白还利用国内廉价的劳动力优势，降低产品的成本；同时运用各种形式的广告宣传等，为最终战胜日货丝绸在东南亚地区的倾销，赢得了很大的优势。

蔡声白在与日货丝绸的争斗中，得到了爱国华侨的充分支持和帮助。如他和当地电影院联系，在放电影之前，首先插播由美亚厂自己摄制的以宣传"美亚"牌丝绸商标为中心内容的《中华丝绸》纪录短片。这样海外观众既了解了养蚕、产茧、缫丝和丝织的全过程，更熟知了我国丝绸名牌——"美亚"牌商标。南洋华侨对此倍感亲切，这也激发了他们的爱国热情。

成功将国货"美亚"牌绸缎打入美国等国际市场

抗战胜利后，蔡声白又为"美亚"牌产品和商标，开拓新的国际市场。为了使"美亚"牌丝绸早日进入需求量很大的欧美市场，蔡声白曾多次出访，实地调查，并在美国开设丝绸销售机构。这是国人首次在美国设立此类销售点。1946年9月，蔡声白在美国特拉华州政府成功注册美亚丝绸厂美国分公司，将"美亚"牌产品和商标传入大洋彼岸。其间，他还在英国伦敦设立销售点。以后由于各种原因，他没有再从事丝织业的经营。

蔡声白在美亚厂近30年丝绸产销生涯中，能以优质国货"美亚"商标，用新颖别致广告宣传手法，敢于向洋货挑战，并在国内外丝绸市场战胜日货丝绸，真是商界传奇。

走出国门的"马头"牌颜料

现在人们只要一提到水彩画、水粉画和粉笔画（不包括油画）等西洋画画材时，一致公认：诞生于 1919 年的上海马利工艺厂，是我国最早生产西洋画颜料的厂家。该厂生产的"马头"牌美术颜料，至今已有 100 多年的历史。而"马头"牌美术颜料，长期以来一直是我国美术用品行业的名牌产品。

"马头"牌，我国西洋画颜料生产的开端

1919 年初，在商务印书馆任职的谢锦堂、徐宝琛等，长期和学校使用的各种教材打交道。他们在日常经营中发现，学生们学习西洋画时所使用的进口画材经常断供，有时很难买到，且价格较贵。为了提倡使用国货绘画颜料、填补国货西洋画颜料的行业空白，谢锦堂、徐宝琛等便萌发了中国人也要自己开设颜料厂、生产西洋画画材的想法。这样一方面可为国家挽回利权，另一方面也能为广大学生服务，并使自己增加一些收入。

经过一段时间的艰难筹备，包括一次集资 350 块银圆，购买生产颜料的机器设备、原材料等，开办一家美术颜料厂的前期准备工作已

经完成。当时，国内正值五四运动期间，全国各地民众纷纷行动起来，掀起了一场又一场声势浩大的反帝反封建的爱国运动。国人自行组织起来抵制洋货，使用国货。在这种有利形势下，谢、徐等人一致认为：这是发展民族美术颜料工业的大好时机，且要加快速度，早日投产。为此，1919 年 5 月，他们经多方考虑，决定选择在徐宝琛先生的老家，即上海市区北面地价相对较为便宜的江湾地区——颜家洼，正式兴建我国历史上第一个专门生产西洋画颜料的工厂——上海马利工艺厂。这是我国西洋画颜料生产的开端。

"马头"商标，一马当先

上海马利工艺厂创建之初，生产规模很小，仅雇用了两名工人进行日常生产。由于生产技术、资金、设备等多种客观原因，当时只能生产一些技术含量较低的六色方块水粉画、水彩画颜料，并以"马头"作为自己的产品商标名称。这样，我国商标历史上第一个西洋画颜料商标也宣告诞生。

马利工艺厂领导以"马头"作为自己的产品商标名称，是有一定道理的。该商标名称含有"马到成功""一马当先"等含义。当时该厂正处于刚刚起步的阶段，商标名称取名"马头"，主要有两种寓意：一是希望马利工艺厂在以后漫长的经营中，一定要取得经济效益和社会效益的成功；二是马利工艺厂要在以后美术颜料的生产和销售等过程中，做到每时每刻领先一步。由于初创时期"马头"牌颜料经营有方，

20 世纪 40 年代，马利工艺厂使用的"马头"牌水彩画颜料包装纸盒、包装玻璃瓶

获利不少。到了 1923 年，马利工艺厂领导便决定增加生产市场销售看好的"马头"牌软管水彩颜料和广告画颜料。由于国货"马头"牌美术颜料价廉物美，在 20 年代就很受国内画家、美术爱好者的欢迎。

走向东南亚国际市场的"马头"牌

1929 年 4 月，国民政府在上海举办第一届全国美术作品展。当时，在美展期间发行的《美展》汇刊上，还刊登有"马头"牌美术颜料产品广告。30 年代，在国内出版的各种画册、美术期刊中，人们能经常看到"马头"牌美术颜料的产品广告。如 1935 年 3 月出版的我国近代著名西洋画画家、马利工艺厂创始人之一张聿光先生的《聿光画集》中，就有整版"马头"牌美术颜料产品广告。当时的"马头"牌绘画颜料，不仅在国内畅销，还走出国门，远销至东南亚地区。经过短短的十几年时间，"马头"牌绘画颜料一举成为我国早期国内美术颜料市场上的名牌产品。

　　1932年"淞沪抗战"爆发后，由于马利工艺厂地处战火地区，厂房被日军炸毁，"马头"牌颜料被迫停止生产。无奈之下，工厂只能搬迁，另行租借吕班路（今重庆南路）蒲松坊53号民居，作为过渡的临时厂房。抗战全面爆发后，"马头"牌颜料的生产是每况愈下，经常中断。上海解放后，政府对文化教育事业十分重视，"马头"牌美术颜料的社会需求量迅速上升，工厂恢复了老牌"马头"牌美术颜料的生产，而生产规模也比过去扩大了很多。

图书在版编目(CIP)数据

品牌力量：上海商标/左旭初著. —上海：学林
出版社，2021
（上海地情普及系列丛书）
ISBN 978 - 7 - 5486 - 1794 - 5

Ⅰ. ①品…　Ⅱ. ①左…　Ⅲ. ①商标-品牌战略-上海
Ⅳ. ①F760.5

中国版本图书馆 CIP 数据核字(2021)第 147564 号

责任编辑　李晓梅　　汤丹磊
特约审校　王瑞祥
装帧设计　肖晋兴
特约摄影　郭长耀　　周文强　　郑宪章　　蔡志锋
图片提供　左旭初　　高洪兴　　郭长耀

上海地情普及系列丛书

品牌力量：上海商标
上海通志馆　主编
左旭初　著

出　　版　学林出版社
　　　　　　（200001　上海福建中路 193 号）
发　　行　上海人民出版社发行中心
　　　　　　（200001　上海福建中路 193 号）
印　　刷　上海丽佳制版印刷有限公司
开　　本　890×1240　1/32
印　　张　7.75
字　　数　17 万
版　　次　2021 年 9 月第 1 版
印　　次　2021 年 9 月第 1 次印刷
ISBN 978 - 7 - 5486 - 1794 - 5/G·670
定　　价　68.00 元